자유롭게 쓸 수 있는
창작 뮤지컬 대본 두 편

지은이

김균형(Kim Gyunhyeong) 1988년 한양대학교 연극영화학과를 졸업했다. 프랑스 파리 3대학 연극연구원에서 「그로토브스키와 스타니슬라브스키에 있어서 연기에 관한 문제」로 석사학위를, 「20세기 연극에서 배우와 관객의 관계」로 박사학위를 받았다. 2012년까지 호남대학교 다매체공연영상학과 교수를 역임했다. 저서로는 『연기훈련 백 서른 두 가지』, 『우리연극 그 탈출구는』, 『연극제작 이렇게 한다』, 『그림으로 읽는 연기훈련 100가지』, 『연극만들기─연극공동창작, 그 과정과 실제』, 『한국연극, 가능성의 연극』, 『연기자를 위한 화술 A to Z』, 『42개의 질문으로 누구든지 연극 만들기』 등이 있으며, 논문으로는 「빈공간의 가능성에 대하여」, 「희곡의 거부를 통한 연극의 재탄생」, 「아르또에게 있어서 연극언어 탐구에 대하여」 및 프랑스 뮤지컬 〈노트르담 드 파리(Notre-Dame de Paris)〉와 〈로미오와 줄리엣(Roméo et Juliette)〉에 관한 여러 편의 연구논문을 발표하였다.

자유롭게 쓸 수 있는
창작 뮤지컬 대본 두 편

초판 인쇄 2015년 3월 10일 **초판 발행** 2015년 3월 15일
지은이 김균형 **펴낸이** 박성모 **펴낸곳** 소명출판 **출판등록** 제13-522호
주소 서울시 서초구 서초중앙로6길 15, 1층
전화 02-585-7840 **팩스** 02-585-7848 **전자우편** somyong@korea.com **홈페이지** www.somyong.co.kr

값 15,000원 ⓒ 김균형, 2015
ISBN 979-11-85877-89-1 03680

자유롭게 쓸 수 있는

창작 뮤지컬 대본 두 편

Two New Plays with Their Music Scores

김균형 지음

소명출판

　지금은 뮤지컬의 시대! 그러나 동시에 저작권의 시대, 그래서 어떤 작품을, 특히 유명한 작품은, 아무나 막 공연할 수 없는 시대이다. 대학에서조차도. 그런데 공연을 해야 하는데 …… 특히 전공에서는 여러 종류의 작품을 공연해 보아야 하는데 …… 공연을 통해 스스로의 역량도 강화해야 하고 또 뭔가 더 나은 새로운 창작도 준비해야 하는데. 그런데 하여간 ……, 지금은 저작권 시대이다 보니 뭔가 하나 공연하려면 그게 그렇게 쉽지가 않다. 국내 작품이든 외국 작품이든 …… 허가도 받아야 하고 게다가 돈도 내야 한다. 그렇다고 허가를 해 주는 경우도 사실 그리 많지 않다. 하여간, 공연 하나 올리려면 여러 가지 피곤한 일이 많다. 특히 대본과 음악이 그렇다. 물론 저작권도 반드시 필요한 일이긴 하지만 …… 어쨌든 이런 생각들이 나로 하여금 벌써 오래 전부터 공연을 하기 위해서는 직접 대본을 쓰는 것을 강조하도록 했고, 또 나의 여러 책들에서 대본을 쓰는 방법들에 대하여 지속적으로 설명하게도 했다.

　대본의 중요성, 무시할 수 없다. 그렇지만 대본의 중요성이 필요 이상 강조되어온 감이 없지 않다. 좋은 대본이 좋은 공연의 필수조건인 것처럼 얘기한다. 심지어 사람들은 좋은 대본으로부터 좋은 작품이 나온다는 말도 한다. 어느 정도 일리 있는 얘기다. 그러나 꼭 그렇지는 않다. 특히 뮤지컬에서는 절대 그렇지 않다. 공연예술이란 대본의 예술이 아니다. 배우의 예술이고 연출의 예술이다. 연출이 어떻게 구성하고 어떻게 방향을 잡아 전개하느냐가 원래의 대본이 얼마나 잘 쓰였는가보다 천 배 만 배는 더 중요하며, 크리에이티브 팀(Creative Team, 이 용어는 스탭Staff이라는 용어를 대치한다. 현대 공연에서 각 스탭이 담당하는 **창조적** 역할이 공연에 절대적이기 때문이다) 하나 하나의 창조력이 작품을 완전히 새롭게 만들 수도 있고, 그것을 배우가 어떻게 소화하고 어떻게 표현하느냐가 원래 대본의 완성도보다 십만 배 백만 배는 더 중요하다. 나는 그 유명한 뮤지컬 〈캐츠Cats〉가 여기에 실린 나의 대본들보다 더 뛰어나다고 생각하지 않는다. 전체 내용의 2/3가 고양이 종류 소개로 채워지고 있을 뿐인데 …… 그렇지만 그런 내용으로 세계 최고의 공연을 만들었다. 그건 대본의 힘이라기보다는 연출의 힘이고 배우의 힘이고 온갖 새로운 아이디어로 공연을 구성한 크리에이티브 팀들의 힘이다. 대본이란 공연의 수많은 출발점 중 하나일 뿐이다.

이 책에는 두 편의 대본과 악보를 싣는다. 한 편의 창작극과 한 편의 각색극.

창작극은 직장인 이야기이다. 제목은 〈내일〉. 제목에서 느껴지는 것처럼 내일에 대한 이야기이다. 너무나 자만에 빠져있다 보니 게을러지게 되고 뭘 제대로 하기도 어려워지면서 슬럼프에 빠진 어떤 디자이너가 자신을 뒤돌아보고 내일을 설계하는 내용이다. 애초 2004년

에 써서 공연했지만 여러 가지 이유로 큰 실패를 했던 공연이다. 이 대본에서 부족했던 부분을 다시 정리한 것이 현재의 대본이다. 이 대본은 쓰면서 많은 연출 장면을 생각했다. 예를 들면 관객들과 어떻게 함께할 수 있을까? 재미있고 화려한 장면은 어떻게 구성할까? 배우가 팬티만 입고 관객석을 뛰어 다니다 그렇게 벌거벗은 상태로 회의를 해야 한다면 ……

음악은, 현재 작곡을 하고 있고 특히 기타리스트로 활동하고 있는 임주신이 썼다. 비교적 현대적인 스타일의 음악들이고, 대본의 내용도 오늘날의 샐러리맨을 배경으로 하고 있고, 여러 가지로 내 대본 중 가장 현대적인 내용의 대본이랄 수 있다.

두 번째 대본은 셰익스피어William Shakespeare의 〈리어왕King Lear〉을 각색했다. 많은 사람들이 알고 있는 이야기. 아버지를 배신한 딸들의 이야기. 그러나 그건 딸들의 잘못이기보다 진실을 제대로 알지 못하는 아버지의 잘못일 것이다. 이 대본은 처음에, 현재 무대감독을 하고 있는 손지영에게 각색을 주문했고 훌륭하게 각색을 해 놓았다. 이후에 여러 차례의 각색과 수정과정을 거쳐 여기에 실린 형태에 이르고 있다.

음악은, 극단 '목화'에서 오랫동안 연기를 했고, 지금도 연극배우로 활동 중인 김병철Charles이 그의 지인, 당시에 미국에 살고 있던, 이 모씨와 함께 썼다. 멜로디가 단순하지만 절규를 모티브로 하여 그 어떤 리어왕보다도 리어왕다운 록 음악을 만들었다. 정말 쓸데없는 기교를 쏙 빼고 핵심만을 음악으로 만들었다. 대체로 2000년에 완성된 곡들이고 이후 김서경Seok에 의해 2006년도에 여러 곡이 추가되었고, 2010

년 정새미Saemi와 고여목Mok이 각각 한 두 곡씩을 추가했으며, 마지막으로 대본으로 출판 직전 임주신JS.IM이 한 곡을 추가했다.

그리고 참고로, 위 〈리어왕〉의 음악 몇 곡을 작곡한 김서경은 2006년 전국대학뮤지컬 페스티벌에서 작곡상을 받았다.

이 책에 실린 모든 대본과 노래들은 대학생까지를 포함하는 모든 학생들에게 무료로 공개한다. 이 책에 있는 대본과 음악으로 공연할 수 있고 그 과정에서 편집이나 수정을 마음대로 해도 된다.

특히 대학에서 이 대본들이 많이 공연되기를 기대한다. 공연을 보다 쉽게 할 수 있도록 하기 위하여 몇 곡의 노래는 녹음하여 공개할 예정이다. 최대한 빠른 시간 내에 유튜브에서. MRMusic Recorded은 제공하지 않으며 스스로 만들거나 작곡가에게 의뢰하기 바란다. 단, 작곡가에게 의뢰는 추가적인 작업이 필요하므로 경제적인 부담이 필요할 것이다. 모든 문의는 김균형에게(kh6277@nate.com) 하기 바란다.

■ 〈내일〉

#1 ― 프롤로그

올해의 디자이너상 수상 식장. 김봉남 대리가 불리고 상장을 받으러 단상으로 올라간다. 이 순간 갑자기 사원이 하나 달려와 귓속말을 하고 점수가 잘못 채점되어 올해의 디자이너는 김봉남 대리가 아닌 그의 경쟁자로 바뀌었다. 다행히 이 상황은 꿈이었다.

잠에서 깬 김대리. 자신의 신세를 한탄한다. 한 때는 잘 나갔었는데, 정말 디자인이라는 일이 마음에 들었었는데, 그리고 자신의 디자인이 독보적이었기 때문에 모두로부터 인정을 받았었는데, 어느 날 갑자기 슬럼프가 찾아왔다. 뭐가 뭔지를 갑자기 모르겠다. 출근해야 하는데 출근도 두렵다.

노래1 우리는 디자이너 : 올 파트

노래2 축하합니다 : 올 캐스트

노래3 나는 김대리 : 김대리

노래4 아니 벌써 : 올 캐스트

#2 — 아침

김대리의 직장. 모두들 곧 있을 피티 준비로 바쁘다. 준비가 제대로 안된 김대리는 이리저리 돌아다니며 남들 문제만 지적하고 있다. 그의 남들 무시하는 태도가 결국 그의 슬럼프에 하나의 원인인 것도 모르고.

잠시 후 경쟁자 이대리가 먼저 발표하고 좋은 평가를 받는다. 물론 김대리는 인정하지 않지만, 결국 아무 것도 제대로 준비하지 못한 김대리는 실장에게 깨지고, 모두는 길거리에 쫓겨나 다시 피티 준비를 해야 한다.

  노래5 나가야 하지 : 올 캐스트
  노래6 내년의 경향 : 이대리
  노래7 내년의 트렌드 : 김대리
  노래8 입에 발린 보고는 싫어 : 정실장
  노래9 무슨 일이 : 김대리 & 이대리

#3 — 길

모든 디자이너들이 길에 나왔다. 사람들의 취향도 확인하고 어떻게 디자인 할지 등에 대해서 현장을 직접 확인하며 생각해보기 위해서다. 배우들은 실제로 객석과 무대를 오가며 사람들을 관찰하고 함께 이야기도 하고 사진도 찍으며 관객과 함께 자유로운 시간을 갖는다.

  노래10 나는 김봉남 : 김대리
  노래11 나라고 : 올 캐스트

#4 — 내일을 향해

길거리에서 자료 조사를 마친 모든 디자이너들은 한 잔 하기 위하여 술집에 모였다. 물론 팀 별로 서로 다른 술집에 모인 상태. 각자 얘기들을 한다. 그 얘기들의 소재는 당연히 직장에서의 이러저러한 얘기들.

술을 마시던 김대리와 후배 박철수. 둘은 완전히 취해 팬티만 입고 놀아재낀다. 신나게 놀다가 김대리는 상상에 빠진다. 스스로 이사가 되어 자신에게 창피를 준 실장과 이대리를 깨는 상상. 그리고 다시 회의에 대한 상상도 한다. 물론 옷을 벗고 있던 박철수는 옷도 입어야 하고 회의에도 참가해야 하고 ……. 샐러리맨 이야기.

노래12 나를 생각해 : 김대리 & 이대리

노래13 잊어야 할 일 : 올 캐스트

노래14 우리는 샐러리맨 : 올 캐스트

#5 — 우리는

기분 좋게 한 잔 하고 신나게 놀고 집으로 돌아가는 길. 우연히 길거리에서 김대리 팀과 이대리 팀이 만난다. 서로 이런저런 얘기를 하다가 실장도 함께 했으면 좋겠다는 의견도 나오고, 이에 김대리는 결사반대를 하다가 결국 이대리 팀과 말싸움을 하게 된다.

그렇지만 이런 상황에서 감정이 격해진 김대리가 최순희에게 욕을 하는 상황이 되었다. 최순희도 지지 않고 함께 욕을 한다. 그리고 모두는 서로 치고 싸우는 싸움판이 된다.

노래15 우리가 최고다 : 올 캐스트

노래16 그만 : 김대리

노래17 삶이란

#6 — 내일

갑자기 박철수가 김대리를 깨운다. 꿈이었다. 얼마나 다행인가? 하지만 김대리와 같은 팀인 박철수와 유지수가 김대리에게 불만을 토로한다. 게다가 그렇게 믿었던 대학 선배인 부장까지 김대리를 압박하게 된다.

이런 일들을 겪으며 김대리는 깨닫게 된다. 자신이 이 일을 좋아서 시작했다는 것을. 그런데 지금은 좋아서가 아니라 핑계이고 수단이 되어 있기 때문에 일을 할 때의 즐거움은 사라지고 그냥 일로써 하고 있다는 것을. 그것이 자신의 슬럼프의 원인이었다는 것을.

좋아서 하는 일이었다는 것을 깨닫는 순간, 김대리는 다시 태어날 수 있을 것이다.

노래18 백수 : 김대리

노래19 선배 : 유지수

노래20 내 인생은 내가 : 김대리

■ 〈리어왕〉

각색의 특징

이 대본은 셰익스피어 〈리어왕〉을 원작으로 한다. 원작은 영국을 배경으로 총 5막 26장으로 구성되어 있으며, 딸들에 의하여 고통 받고 죽어가는 리어왕의 이야기와, 리어왕의 신하인 글로스터 백작이 서자인 에드먼드의 모략에 의해 죽어가는 두 개의 이야기가 평행인 구조를 이루고 있다. 그렇지만 이 각색 대본에서는 리어왕의 이야기만 남기고 글로스터 백작의 이야기 자체를 모두 삭제했다. 뮤지컬의 특성상 스토리가 너무 복잡하게 꼬이면 이해에 어려움을 유발할 수 있기 때문이며, 또한 필요 이상 길어지거나 늘어지는 것을 방지하기 위함이고 보다 주제를 명백하게 표현하기 위해서다.

구성에 있어서는, 모든 사건을 경험한 리어왕의 신하 켄트가 자신이 경험한 것을 알리는 해설 주도 형식으로 재구성했다. 이 형식이 보다 효율성을 확보할 수 있도록 함축적인 가사를 이용하여 노래로 사건을 전개시켰고 대사의 사용은 최소화하였다.

시놉시스

제1막 — 왕의 궁

왕의 생일. 왕은 자신의 땅을 나누어 놓았고, 딸들이 자신에게 주는 효심에 따라 그 땅들을 나누어 줄 것이라 선포한다. 첫째와 둘째 딸은 아버지에게 커다란 효도를 고백하고 충성을 맹세했으나, 셋째 딸만은 효도란 말로 하는 것이 아니며 자신은 입에 발린 말로써 효도를 말하지는 않겠다고 말한다. 왕은 화가 나서 셋째 딸을 내쫓는다. 이때 프랑스 왕이 셋째 딸을 맞아 들여 자신의 나라로 돌아간다.

노래1 과거의 의미 : 해설

노래2 경배하라 : 올 캐스트

노래3 이 나라를 다스리는 : 왕

노래4 시간이 흘러 지나 : 왕

노래5 사랑하는 아버지 : 첫째 딸 & 둘째 딸

노래6 사랑하는 나의 아버지 : 셋째 딸

노래7 아니야 : 왕

노래8 나의 자존심 : 셋째 딸

노래9 왜 너는 자존심을 : 올 캐스트

노래10 눈을 뜨십시오 : 해설

노래11 무엇이 필요한가 : 코러스

노래12 당신을 잘 알고 있어 : 프랑스 왕 & 셋째 딸

제2막 ─ 첫째 딸의 궁

왕은 애초에 100명의 신하를 거느리기로 했다. 그러나 그 신하들과 새로이 왕이 된 첫째 딸의 신하들이 충돌한다. 또한 첫째 딸도 아버지의 퇴진을 의심하게 되어 아버지를 몰아내려 한다. 첫째 딸은 아버지가 돌아왔을 때 시종을 줄일 것을 요청하고 만일 그렇게 하지 않는다면 스스로 그 시종들을 줄일 것이라고 얘기한다. 왕은 화가 나서 첫째

딸의 궁을 뛰쳐나가 둘째 딸에게로 향한다.

노래13 이제 시작이다 : 해설

노래14 여왕이시여 : 첫째 딸 & 올 캐스트

노래15 우리 세상이다 : 코러스

노래16 불러라 : 왕

노래17 왕이시여 : 첫째 딸

노래18 지금와서 : 왕

제3막 ― 둘째 딸의 궁

왕은 둘째 딸의 궁을 찾아 왔다. 그러나 아무도 기다리지 않는다. 불러도 대답도 없다. 잠시 후 둘째 딸이 나타난다. 그리고 왕은 자신이 첫째 딸에게 멸시를 당했다며 둘째 딸의 궁에서 지낼 것이라고 얘기한다. 그러나 둘째 딸 역시 시종의 수를 줄일 것을 요구하고 첫째에게 돌아가라며 아버지를 거부한다. 여기에 첫째 딸이 나타나고 결국 왕은 미쳐서 사막으로 뛰쳐나간다.

노래19 잊었는가 : 해설

노래20 이 나라를 다스리는 : 왕

노래21 기쁘옵니다 : 둘째 딸

노래22 사랑하는 아버지 : 둘째 딸

노래23 여왕이시여 : 코러스

노래24 드디어 속이 보여진다 : 올 캐스트

노래25 숨이 멎는구나 : 왕

노래26 신들이여 : 왕

제4막 — 사막

왕은 미쳤다. 그리고 사막에서 딸들을 원망한다. 첫째 딸과 둘째 딸이 자신에게 행한 그 만행을 쳐 없애버리라 원망한다. 결국 원망하며 소리 지르다 왕은 쓰러진다. 왕의 신하였던 켄트가 셋째 딸에게 이 사실을 알렸고 셋째 딸이 달려왔다. 쓰러진 아버지를 보며 셋째 딸은 오열하고 깨어난 왕은 부끄러움에 고개를 들지 못하고 외면하다 용서를 빌고 다시 미쳐간다. 셋째 딸은 그런 아버지를 뒤로 하고 언니들에게 간다.

노래 27 눈앞의 이익 : 해설

노래 28 바람아 불어라 : 왕

노래 29 눈앞의 이익 : 올 캐스트

노래 30 우리들 머리 위에서 : 왕

노래 31 미치시오 : 해설

노래 32 사납게 휘몰아치는 : 왕

노래 33 왕이시여 : 해설, 첫째 딸

노래 34 저의 입술에 : 셋째 딸

노래 35 당신은 누구인가 : 왕 & 셋째 딸

제5막 — 죽음의 축제

아버지를 쫓아내고 벌이는 두 딸들의 축제. 그러나 이 축제는 권력을 빼앗으려는 의도가 숨어 있는 축제이다. 결국 두 딸은 서로 기회를 노리다 둘째 딸이 첫째 딸에게 죽임을 당한다. 이 자리에 셋째 딸이 뛰어 들어온다. 그리고 죽은 언니를 끌어안고 왜 우리 가족에게 이런 시

련이 내렸는지를 원망하며 차라리 조용히 돌아가겠다고 한다. 그러나 첫째 딸은 그럴 수는 없다고 외친다. 언젠가 왕이 셋째 딸을 앞세우고 다시 쳐들어올 것이기 때문이다. 결국 셋째 딸도 죽임을 당한다. 두 딸이 죽은 이 자리에 왕이 나타난다. 그러나 더 이상 그는 아무 것도 할 수 없다. 그냥 죽을 수밖에. 진실을 제대로 파악하지 못한 이유로 결국 파멸만이 있을 뿐이다.

노래36 인간의 욕심 : 해설

노래37 그 옛날에 : 올 캐스트

노래38 신이시여 : 셋째 딸

노래39 그럴 수는 없다 : 첫째 딸

노래40 누군가 : 왕

노래41 그대들이여 : 해설

차례

창작 뮤지컬

내일

김균형 작
임주신 곡

등장인물

(A팀)

김대리(남) 패션회사 디자인실 디자이너

박철수(남) 김대리 후배 디자이너

유지수(여) 인턴 디자이너

(B팀)

이대리(여) 같은 디자인실 디자이너

최순희(여) 이대리 후배 디자이너

미스터송(남) 인턴 디자이너

(기타)

정실장(여) 디자이너실 실장

부장   부장

코러스

무대

패션회사 디자이너실, 길거리, 술집 등등.

#1 – 프롤로그 ────────────────

오프닝 뮤직과 더불어 조명 인. 무대는 김대리가 재직 중인 회사 강당. "올해의 디자이너상 시상식"이라는 플래카드가 보인다.

부장 자 여러분 우리 회사 최대의 행사, 올해의 디자이너상 시상식이 있겠습니다. 여러분 모두가 다 아시는 것처럼 이 상은 올 한해 우리 회사에서 출시한 모든 제품 중 가장 뛰어난 제품을 출시한 디자이너에게 수여되는 명예로운 상입니다. 자 우선 수상 후보작을 보시겠습니다.

수상 후보작 퍼레이드. 디자이너와 모델이 함께 걸으면서 노래하고 등등. 마치 영화제의 시상식과 패션쇼가 함께 어우러진 느낌. 그리고 거기에 더해지는 노래와 안무.

노래1 우리는 디자이너 : 올캐스트
디자이너 디자이너 우리는 디자이너
멋진 세상 만들어 가는 우리는 디자이너
우리는 창조한다 새로운 세계를 만들어간다 멋진 세상을 우리는
아름다운 색깔 황홀한 색깔 매력적인 색깔 찬란한 색깔
직선과 곡선 원과 삼각형 사각형 오각형 육각형 팔각형
우리 눈에 보이는 모든 것 우리 손에 잡히는 모든 것
상상할 수 있는 모든 것 생각할 수 있는 모든 것

우리는 만들어가 화려한 세상을 만들어가 꿈같은 세상을
디자이너 우리는 디자이너 멋진 세상 만들어가는
우리는 디자이너 디자이너 디자이너 디자이너

노래 끝나고 모두 자리 잡으면

부장 자 이 손에 올해의 디자이너가 될 디자이너 사원의 이름이 있습니다. 개봉하겠습니다. (개봉해서 열고) 올해의 디자이너 김봉남!

김대리 웃으며 상을 받으러 올라간다. 사장이 앞으로 나서고 부장이 상장의 내용을 읽는다.

부장 올해의 디자이너 상. 김봉남. 이 사람은 뛰어난 디자인으로 우리 회사의 발전에 혁혁한 공을 세웠으므로 …….

그때 "잠깐만요"라고 외치며 사원 등장. 부장에게 귓속말. 그리고 부장이 사장에게 귓속말.

사장 사원 여러분. 잠깐 착각이 있었습니다. 계산이 잘못 되었답니다. 그래서 수상자가 바뀌어야겠네요. (김대리에게) 김대리 미안하네. 자네는 그만 내려가고. 자, 다시 발표합니다. 올해의 디자이너! 이지혜! 이대리! 이리 올라오게. 다시 읽겠습니다. 올해의 디자이너 상. 이지혜. 이 사람은 매우 뛰어난 디자인으로 우리 회사의 발전에 혁혁한 공을 세웠으므로 이 상을 드립니다. 대표이사 김철호.

악수하고 박수치고 등등 축하하며 춤 노래. 이 사이 어색하게 한 쪽에 서 있
던 김대리 퇴장.

노래2 **축하합니다 : 올캐스트**
축하합니다 축하합니다 올해의 디자이너 이지혜
축하합니다 축하합니다 최고의 디자이너 이지혜
당신의 디자인은 우리 회사의 자랑
당신의 디자인은 우리 회사의 표상
언제나 새로운 디자인 언제나 앞서가는 디자인
이것이 당신의 자랑이고 이것이 우리의 자랑
축하합니다 축하합니다 올해의 디자이너 이지혜
축하합니다 축하합니다 최고의 디자이너 이지혜

이대리   오늘은 제가 쏩니다. 모두 갑시다. 구내식당으로!

모두 함성과 함께 퇴장하고, 잠옷으로 갈아 입은 김대리 등장.

노래3 **나는 김대리 : 김대리**
나는 김대리 꿈속에서만 내 꿈 이루는 김대리
아니야 절대 그렇지 않아 내 꿈 이룰 거야
나는 능력 있어 잘 할 수 있어 내 꿈 이룰 수 있어

한 때 회사에서 날렸었던 대표 디자인들
뛰어난 안목 정확한 예상 감각적인 디자인
시대 뛰 넘는 모두 감동시킨 나의 디자인

노래 분위기 바뀌어 가며

어느 날 갑자기 바뀌었어 모든 게
그토록 잘 보이던 미래가 애매해졌어
내 디자인 거칠어지고 상투적이 되어가고
주변 사람들 신경 쓰이고 자신감 잃어버리고
왜 이렇게 됐을까 자신감 넘치던 내가
왜 이렇게 됐을까 무서운 게 없던 내가
그토록 즐거웠던 출근도 싫고
그토록 기다리던 회의도 불편해
정말 모르겠어 언제부터 이랬는지
벗어나고 싶어 이 슬럼프에서
정말 모르겠어 정말 모르겠어
벗어나고 싶어 이 슬럼프에서

노래 끝. 시계를 보고.

김대리　아이고. 또 하루가 시작이로구나. 아, 피곤하다. 피곤해. 요새
같아선 정말 살맛 안 난다. 가만 오늘 트렌드 분석 피티 있지! 참 죽겠

네. 일은 손에 잡히지 않지, 부장님이 허구한날 불러내서 따라다니느라 아무 것도 못하지, 감각은 자꾸 떨어지는 것 같지. 정말 뭘 어떻게 해야 할지 모르겠네. 오늘 피티 인사고과에 반영된다고 했는데. 제대로 준비도 못했는데 큰일이네. 내가 어쩌다 이렇게 됐냐? 아 정말 죽겠다. 에라 모르겠다. 한 우물만 파라고 했다. 부장님께 매달리자. 부장님께서 다 챙겨주시겠지. 아 부장님!

　　　　퇴장하며 씻으러 나간다. 동시에 코러스들 들어와 씻고 출근 준비하는 모습.
　　　　준비하며 노래.

　　　　노래 4 **아니 벌써 : 코러스**
　　　　아니 벌써 시간이 이렇게 됐나 아니 벌써 해가 중천인데
　　　　아니 벌써 출근 준비해야 하고 피티 준비 못했는데
　　　　어제 밤 마신 술 깨지도 않고 / 아유 술 냄새
　　　　목도 쉬고 다리도 후덜덜 거려
　　　　큰일이네 큰일 오늘까지 내년 브랜드 컨셉 제출해야 하고
　　　　큰일이네 큰일 오늘까지 실장에게 보고 마쳐야 하는데
　　　　큰일이네 큰일 아무 것도 준비한 게 없는데
　　　　큰일이네 큰일 어떻게 하루만 더 연장할 수 없을까

　　　　노래 부르며 출근 준비. 무대에서, 예를 들면 이빨 닦고 세수하고 화장하고
　　　　옷도 갈아입고 등등의 다양한 출근 준비 행동들이 두서없이 등퇴장이 이루
　　　　어지며 진행된다. 물론 이 장면에는 안무도 삽입되어 안무와 마임과 행동과

노래가 뒤섞이어 있다. 이 동안 김대리는 의상 갈아 입고 준비되면 다시 등
장. 코러스는 상황에 따라 적절하게 등퇴장하며 의상도 갈아 입으며 모두가
준비되어서 김대리가 등장할 때는 모두 자연스럽게 한곳으로 모이게 되고,
무대가 출근하는 전철 안으로 바뀐다.

또 하루가 시작이야 또 하루가 시작이야 피곤한 아침
출근하기 싫어 또 하루가 시작이야
어제와 같은 일 내일도 같은 일 하루도 달라지지 않아
기대하고 싶어 새로운 일을 힘이 들어도 새로운 일을
열심히 할거야 정말 열심히 피곤하더라도 힘이 들어도
우리에게 일을 줘 새로운 일을 새롭게 할 일 새로운 일을
열심히 해야지 우리가 살아가는 목표 열심히 해야지
오늘은 무슨 일이 우릴 기다리고 있을까

노래 끝. 전철에서 시달리다 내려 일터로 달려 나가는 안무. 노래 속도 빨라
지며 안무와 더불어 새로운 하루의 시작. 스톱모션. 암전.

#2 – 아침

음악 나오고 조명 인 되면 무대는 어떤 여성복 회사 디자이너실. 모두들 복잡하게 왔다 갔다 하며 아침 업무 시작 준비를 하고 있다. 전체적으로 개인적인 작업은 아니며 팀이 3~4명으로 구성돼 네 팀 정도가 있다. 이들이 상황에 따라 무대를 구성한다. 이중 A팀과 B팀은 메인 캐스트들로 구성되고 나머지 팀은 코러스들로 구성된다. 여기에서는 각 팀원의 상하관계와 각 팀간의 경쟁적인 관계들이 드러날 수 있어야 한다. 어쨌든 이들이 팀으로 나누어 서로들 이쪽저쪽에서 얘기한다. 일부는 어제 이야기를 하기도 하고 일부는 오늘 피티 연습을 하기도 한다. 음악에 맞추어 피티 직전의 부산한 사무실을 보여 준다. 무대가 전체적으로 시끌시끌한 상태에서 이곳저곳에서 대사는 불쑥 튀어 나온다.

A 정말 멋지지 않습니까? 저 에스라인!

B 빨리 의상 모두 가져 와. 얼른 심사보고 출국 준비해야 돼.

C 내 보고서 다 어디 갔어? 내 보고서 빨리 챙겨서 결재 맡고 나가야 하는데.

이대리 좀 더 멋지게 걸어줘. 그렇게 해서는 옷이 안 살잖아. 머리 숙여! 옷을 살려야지!

D 디스플레이 좀 제대로 해라. 이걸 걸어 놓은 거라고 걸어놨냐?

E 저도 나름대로 최선을 다 하고 있습니다.

F 너 지금 나한테 덤비는 거냐? 눈에 뵈는 게 없어?

김대리 디자인이 이게 뭐냐? 넌 기본이 안 돼 있어. 대한민국 사람은 이런 디자인 옷 안 입어. 좀 똑똑히 보고 다녀라.

G   난 겁 안나. 그래 해 보자고.

H   아니 정말 똑바로 걷지 못할 거야?

이대리   자, 우리 흥분하지 말고 일단 일이 되도록 차분하게 정리합시다.

I   그러니까 걸음걸이가 그 모양 아니야?

J   저 선배 우리는 어떻게 할까요? 그냥 못들은 척 가만히 있을까요?

김대리   참, 디자인 하고는. 너 지금 장난하냐? 이게 디자인이냐? 내가 하면 5분 만에 이런 디자인 50개는 나오겠다.

K   쟤는 항상 피티만 있으면 저래. 준비도 제대로 안하고 있다가 마지막에 저러면 되겠어?

L   자 우리 남의 일엔 신경 쓰지 말고 우리 일이나 제대로 하자고.

M   나도 일 좀 하자. 제발 협조 좀 해줘.

김대리   (전체를 돌아 다니며 보고 난 이후) 참, 하나같이 엉망이로군. 저런 걸 디자인이라고 하고 있으니. 한심하다 한심해.

유지수   대리님. 준비 되셨어요?

김대리   나? 응 아니 뭐 그냥 그렇지.

박철수   대리님 기대하겠습니다.

김대리   기대는 무슨, 자 얼른 준비들 해.

   노래5 **나가야 하지 : 합창**
   나가야 하지 앞으로 나가야 하지 누구든 짓누르고 앞으로 나가야지

멈추는 사람 제자리 서 있는 사람 그대로 있다간 뒤쳐지고 말지

이 세상은 경쟁과 싸움의 장소 우리 모두 싸움의 전사

이겨야만 앞으로 나가는 전장 누구도 도와주지 않아

그냥 앞으로 나갈 뿐이야 나는 이기고 앞에 설 거야

그냥 앞으로 앞만 볼 뿐이야 나는 설 거야 반드시 앞에 설 거야

노래 끝. 이 노래를 하는 동안 김대리는 약간 적응이 잘 안 되고 있다. 준비한 것이 없으니 매우 어정쩡한 상태. 노래 끝나며 실장 등장.

정실장 오케이. 자 여러분 새로운 하루가 밝았습니다. 기분 좋게 하루를 시작합시다. 오늘은 이미 오래 전부터 예고한대로 내년 트렌드 분석 피티 및 브랜드 컨셉 발표를 하는 날입니다. 오늘의 개인 발표를 기초로 여러분 팀 작업을 하게 되니까 오늘의 작업은 특히 여러분 개개인에게 매우 중요한 시간이 될 것입니다. 아마 모두 충분히 준비했으리라 생각합니다. 다시 한 번 강조할 점은 오늘의 피티가 여러분 인사에 직접적으로 영향을 끼친다는 사실! 그래서 공정한 평가를 위하여 사장님과 부장님께서 친히 여러분의 피티에 참가하신다는 사실! 잘 기억들 하고, 자, 곧 시작하도록 할 테니까 준비들 하기 바랍니다.

음악 시작과 함께 모두들 다시 바빠진다.

김대리 사장님과 부장님이 참가하신다고? 큰일 났군!

A 자 자 어서 빨리 준비하자고

이대리　오케이. 드디어 기회가 왔어. 저 능력 없는 김대리 보다는 내가 먼저 승진해야지.

B　어느 색깔이 더 좋을까?

최순희　빨간색! 그래 역시 빨간색이 포인트야!

C　아니야! 안돼! 이건 정말 아니야.

A　내게도 기회가 올 거야.

실장　모두들 준비는 잘 되고 있어?

미스터송　네. 네. 잘 되고 있습니다.

　　　사장과 부장 등장.

정실장　여러분 사장님과 부장님께서 드디어 오셨습니다.

　　　모두들 인사하고 사장과 부장 그리고 정실장은 자리를 잡고 앉고 나머지는
　　　부산히 무대를 준비한다.

김대리　정말 큰일이네. 모두 철저하게 준비한 모양인데. 그래도 내가 보기에는 다 형편없어. 쟤들 색깔이며 저 어깨 라인하며 무슨 디자인을 저렇게 뽑냐? 정말 한심하구만.

실장　곧 피티 시작할 테니까 모두 준비하도록.

김대리　정말 큰일이네. 사장님 부장님 실망시켜 드리면 안 되는데. 내가 왜 이렇게 됐지? 혹시 나 밑천 다 떨어지고 능력 바닥난 것 아닌가? 안돼. 큰일이네.

미스터송 완전히 준비되지 않았는데 어떻게 하나?

유지수 이제 나도 나만의 세계를 만들어야 할 텐데.

이대리 오케이. 멋지게. 이대리! 너를 믿는다.

김대리 어제 저녁 마신 술은 왜 이렇게 안 깨는 거야?

이대리 (앞으로 나서며) 실장님! 허락하신다면 오늘 피티는 제가 먼저 시작하고 싶습니다.

이대리 앞으로 나서며 정중하게 인사하고 피티를 시작한다.

노래6 **내년의 경향 : 이대리 / 코러스**

이 사람 저 사람 모두 둘러 보고 / 우린 멋쟁이 경향 알려주는 역할

이 사람 저 사람 무엇을 원하는가 / 우린 멋쟁이 패셔니스타

어떤 색을 더 원할까 / 빨간색일까

어떤 색을 더 좋아할까 / 파란색일까

이 남자 저 여자 모두 둘러 보고

/ 우리는 멋쟁이 경향을 알려 주는 역할

저들은 무엇을 원하는가

나는 창조자 유행을 찾아내는 나는 디자이너 새로움 창조하죠

나는 창조자 유행을 찾아내는 나는 디자이너 새로움 창조하죠

노래에 이어 음악이 계속되면서 코러스는 패션쇼의 모델이 되어 무대에서 워킹을 하고 이대리의 피티가 계속된다.

이대리 (마이크 들고 설명한다) 내년에 예상되는 패션 경향에 대하여 간단하게 정리하면 다음과 같습니다. 전체적으로 "로맨틱한 여성스러움"과 "모던 클래식"이 내년 유행의 테마가 되리라 평가됩니다. 첫 번째, 낭만적인 스타일이 반영되고 여성스러움이 강조된 로맨틱 페미닌 룩이 주요 패션테마가 될 것입니다. 두 번째, 20년대와 40년대의 패션에서 영감을 얻을 수 있는 모던 클래식도 또 다른 하나의 트렌드가 될 것입니다. 이는 현대적으로 재현된 정통 복고풍, 숙녀다운 우아하고 글래머러스한 여성미에 초점을 맞춘 클래식한 패션으로의 경향을 말합니다. 특히 무릎 선까지 오는 길이의 스커트나 혹은 허리선을 낮게 잡은 H라인 원피스 등이 주를 이루는 플래퍼 룩flapper look을 통한 섹스 어필이라는 경향이 또 다시 등장할 것입니다. 게다가 40년대 영화 〈사브리나〉에서 오드리 헵번이 선보였던 동그란 어깨선, 올라가 보이는 가슴선, 피트가 강한 허리선, 우아함을 강조한 플레어 스커트로 구성된 크리스티앙 디오르의 "뉴 룩"이 새롭게 선보여 여성 정장의 클래식으로 다시 한번 패션계를 이끌 것으로 보여집니다. 결론적으로 "로맨틱한 여성스러움"과 "모던 클래식"을 기본 트렌드로 하는 내년 패션에서는 자연스런 스타일의 재킷과 잘록하게 허리가 들어간 테일러드 재킷이, 그리고 무릎선 길이에 풍성한 스타일의 스커트가 주목을 받을 것이며 특히 40년대 대표 스타일인 "뉴 룩"처럼 "피트 앤드 플래어" 실루엣이 가장 핵심이 되리라 평가됩니다.

　　이 남자 저 여자 모두 둘러 보고 / 우리는 멋쟁이
　　저들은 저들은 무엇을 바라는가 / 우리는 패셔니스타

나는 창조자 유행을 찾아내는 발견자 나는 디자이너
유행을 찾아내는 발견자 나는 디자이너

정실장 오케이. 이대리 수고했어. 그러니까 결론적으로 피트 앤 플래
어가 대세일 것이다. 이런 얘기로군. 고생했어 이대리. 이제 우리 사
무실의 고참 디자이너 김대리! 김대리, 이대리 한 것 봤지? 어떻게 생
각해?

김대리 예? 예. 예 그러니까 …… 뭐 …… 그게 저기 뭐랄까 예 그렇죠
괜찮은 것 같네요. 그런데 전반적으로 분석의 바탕이 빈약해 보입니
다. 피트 앤 플래어가 트렌드가 될 것이라면 왜 그렇게 될지에 대한 논
리적 분석이 있어야 하는데 그냥 일반적으로 다른 사람들 다 하는 이
야기를 다시 정리한 것에 불과해 보입니다.

정실장 오호? 그래? 이제야 말로 자네의 진가를 다시 보여줄 수 있겠
군. 오케이 알았어. (톤을 바꾸어) 그런데 말이야 사실 나도 자네를 믿
고 싶어. 최근 들어 뭔가 나를 자꾸 실망시키는 경향이 있는데. 원래
는 그렇지 않았잖아. 안 그래? 계속 지금처럼 나가면 정말 곤란해. 더
이상 날 실망시키지 말라고. 에이스로서의 면모를 다시 보여줘. 자네
가 제일 고참이니까 자네가 승진해야 하지 않겠어? 지금 사장님 부장
님 모두 계시니까 확실하게 자네가 최고라는 걸 알려 드리라고. 조금
전 후배가 한 것 보다는 훨씬 좋아야겠지? 준비 됐지? 자 나와서 뭔가
를 보여 달라고.

김대리 인사하고 피티. 준비한 것이 없으니 할 것도 없고 …… 노래가 무기

력하게 흐르는 동안 느린 안무 혹은 동작.

노래7 **내년의 트렌드 : 김대리**

내년 트렌드 내년 트렌드 내년의 트렌드
아마도 대략적으로 복고풍이 지배적일 것
내년 트렌드 내년 트렌드 간단하게 말하면
칠십 년대 경향의 반복
그리고 말하자면 색깔도 과거의 반복
아마도 불명확한 현실의 반영
그렇다고 말하자면 흐린 건 아닌
말하자면 간단한 내년의 트렌드

노래하는 사이 부장과 사장은 서로 눈짓을 교환하기도 하고 뭔가 커뮤니케
이션이 오간다. 그리고 갑자기 들고 있던 서류를 하늘에 내 던진다. 노래 멈
추고. 사장과 부장 퇴장.

정실장 (화가 나서) 김대리~~~~~!!!!

나가던 사장과 부장 뒤돌아본다. "우리 불렀어?"라는 표정으로. 정실장 인
사하면 사장과 부장은 아주 죽이라는 사인을 하고 사라진다.

정실장 뭐야? 무슨 일이야? 아무 것도 준비하지 않았어?
김대리 죄송합니다. 어제는 부장님이 잠깐 저를 보자고 하셔서.

정실장 뭐라고?

김대리 부장님께서 저녁에 저를 보자고 하시는 바람에 미쳐 준비를 못했습니다.

정실장 그러니까 부장님이 자네 불러내서 오늘 피티 준비하지 말아라 이렇게 말했다는 거지?

김대리 아니. 그게 아니라 그러니까 부장님이 ……

정실장 그래 부장님이 어쨌는데?

김대리 그러니까 그게 있잖습니까? 부장님이 그러니까 제 대학 선배 신데 그게 한잔 하자고 하셔서 그러니까 죄송합니다. 부장님이 한잔 하자고 하시는데 거부할 수도 없고 또 제가 말단직원이 어떻게 그러니까

정실장 내가 이거 언제부터 준비하라고 했어? 어제 얘기했어? 이건 우리 회사 연간 기본 스케줄이잖아! 그리고 중간에 확인할 때마다 잘돼 가고 있다고 하지 않았어?

김대리 죄송합니다. 정말 제가 준비를 하려고 했는데요 부장님이 개인적으로 하실 말씀이 있으시다고

정실장 그래? 개인적으로 어떤 말이?

김대리 그러니까 그게 개인적인 일이라서 저기 그 뭐냐 저

정실장 아 그러니까 자네는 부장님하고 같이 노는 사이니까 나 정도는 눈에 안 띈다 이런 얘기야?

김대리 아니 아니 그게 아니라

정실장 그게 아니면 뭐야?

김대리 아니 저기 부장님이 …….

정실장 (화가 나서) 야!!! 김대리!!!!

　　〈록키〉 음악 나오며 분위기 바뀌면서 이종격투기 라운딩. 배우들 두 사람에게 글러브를 끼워 주고 가운데에 몰아 넣는다. 이대리와 박철수는 중계를 한다. 아래 상황에 맞추어 정실장과 김대리는 서로 격투기를 한다. 물론 일방적으로 정실장이 우세한 게임이다. 결국 김대리는 케이오를 당하게 된다.

이대리 지금 여러분께서는 김대리가 너무 편하게 일을 생각한 나머지 정실장에게 깨지는 장면을 생중계로 보시게 됩니다. 해설자로 박철수 씨를 모십니다. 안녕하십니까?

박철수 네. 안녕하십니까?

이대리 오늘의 생중계를 어떻게 생각하십니까?

박철수 네. 매우 좋은 일이라고 생각합니다.

이대리 무슨 말씀이신지? 매우 좋다고 말씀하시는 것은?

박철수 아, 제가 뭐라고 했습니까? 제 말씀은 그냥

이대리 자 선수를 소개합니다. 우선 보시기에 좌측이 정실장! 우측이 김대리입니다. 먼저 정실장 탐색전을 시작합니다.

정실장 (가볍게 한대 갈기며) 이태백!

이대리 예. 이십대 태반이 백수. 그렇습니다. 현대 사회는 이십대 태반이 백수입니다. 확실하게 탐색전에서 기선을 제압하고 가겠다 이런 전략으로 보이는군요. 이제 김대리가 뭐라고 말을 할 것 같습니다.

김대리 (마찬가지로 받아 치며) 부장님이

박철수 네. 부장님 카드를 들고 나오는군요. 그렇죠. 확실한 우리 사

회의 출셋길. 빽! 네. 멋있게 받아 쳤습니다. 역시 김대리 답습니다.

이대리 그렇군요. 박철수 씨도 역시 빽을 좋아하시는군요. 아, 말씀 드리는 순간 정실장 본격적인 스트레이트를 날립니다.

정실장 리턴, 피드백, 월급, 수익

이대리 그렇죠. 월급에 대한 리턴 내지는 피드백이 되어야 한다. 즉 수익을 창출해야 한다. 이런 말입니다. 다시 김대리는 (쳐다보고)

박철수 네. 그렇죠. 할 말이 없을 겁니다. 가만히 있어야 본전이라도 찾죠. 정실장의 한 마디 정말 비수와 같습니다.

이대리 아, 말씀 드리는 순간, 정실장 다시 한마디 합니다.

정실장 경쟁, 월급, 이익, 자본주의

이대리 그렇습니다. 자본주의의 생리는 경쟁을 통한 이익의 창출이라는 말이겠죠. 네. 정실장 대단합니다. 김대리가 뭐라고 말 할 기회도 주지 않고 쏟아 붇는군요. 그렇습니다. 현재 정실장이 3대 0으로 김대리를 압도하고 있습니다.

박철수 그렇습니다. 아마도 퍼펙트 게임이 되지 않을까 생각합니다. 김대리는 다시 (쳐다보고) 그렇습니다. 역시 할 말이 없습니다.

이대리 자 이제 마지막 정실장의 최후의 공격으로 보입니다.

정실장 최고, 최고, 최고 (김대리 K.O)

이대리 대단합니다. 완전히 상대를 제압하고 넉다운 시키는 최후의 기가 막힌 공격, 최고, 최고, 최고.

정실장 시끄러워.

모두들 자리 잡고 앉는다.

정실장 김대리.

김대리 예 실장님.

정실장 일이 도무지 안되지?

김대리 죄송합니다.

정실장 그렇게 해서 자리 온전하게 보존하겠어?

김대리 예?

정실장 옷 벗어야지?

김대리 예?

정실장 왜 내가 뭐 잘못 애기했나? 옷 벗어야지. 그렇게 트렌드 분석 하나 못하는 직원을 왜 우리 회사에서 월급주어 먹여 살리나 말이야? 응?

김대리 아니, 저 실장님. 제가 사실 어제 저녁에 하려고 했는데요. 그 때 부장님과 술 자리도 있고 해서 ……

정실장 그래? 그럼 옷 벗고 나가서 부장님과 밤마다 술 마셔.

김대리 죄송합니다.

정실장 이거 어째 남 탓이나 하고 있네?

김대리 죄송합니다. 실장님. 하지만 저도 능력 있고 충분히 잘 할 수 있습니다. 실장님 저 잘 아시지 않습니까? 저 김봉남입니다. 제가 잠 시 슬럼프라서 그렇지 이대리 디자인한 정도의 옷은 순식간에 수없이 만들어 낼 수 있습니다. 걱정하지 마시고 저를 믿어 주십시오.

정실장 자넬 믿으라고? 어떻게? 자네 슬럼프라는 것이 벌써 언제부터 야? 그러다가 이대리가 먼저 승진하면 참 좋겠다.

김대리 무슨 섭섭한 말씀을 그렇게 하십니까? 당연히 제가 승진해야

죠. 정말 죄송합니다. 제가 어제는 시간이 없어서 충분히 준비를 하지 못했습니다. 저에게 한 번만 더 기회를 주십시오. 저를 믿고 저의 능력을 믿고 조금만 조금만 더 시간을 주십시오 …… 실장님께서 원하시는 실장님 입맛에 딱 맞는 보고서를 제출하도록 하겠습니다.

정실장 김대리의 말을 듣고 더 더욱 화가 나서

정실장   김대리 김대리 김대리 김대리 김대리 김대리 김대리 김대리 김대리 김대리! 이것봐 이것봐 이것봐 이것봐! 아직도 이해를 못하고 있잖아!

노래 8 입에 발린 보고는 싫어 : 정실장
무슨 얘기를 하는 거야 왜 내 마음에 들고 싶어해
공부해 연구해 독창적이려 애써 공부해 연구해 독창적이려 애써
그렇게 입 발린 얘긴 하지만 왜 내가 원하는 보고를 해
지금은 이십일 세기 그렇게 입에 발린 보고의 시대는 갔어
지금은 경쟁에서 살아 남아야 해 스스로 살길을 찾아야만 해
상사 입맛에나 맞추려는 것 그건 지나간 시대의 유산
살아 남는 것이 중요해 살벌한 경쟁의 시대에서
무엇을 어떻게 제시할 것인가 어떻게 이익을 창출할 것인가
이게 보고의 내용이야

코러스 김대리를 약 올리는 안무. 노래 끝나고 안무 끝나면

정실장 알았어? 자네와 같이 그런 구세대적인 생각으로 21세기를 살려고 한다면 아마도 곧바로 파멸의 길로 떨어질 거야. 당장 나가! 나가서 트렌드 확인하고 분석해서 내년 브랜드 컨셉까지 모두 체크해서 내일까지 보고해! (이대리 보고 웃으며) 이대리도 나가서 조금 도와줘. (다시 김대리에게) 아니면 내일 당장 옷 벗어!!!!

정실장 퇴장하고 김대리와 이대리의 대조적인 노래 진행되며 모두는 사무실 정리하고 퇴장한다.

노래9 무슨 일이 : 김대리 & 이대리

김대리)

무슨 일이 이렇게 돼 무슨 일이 이럴 순 없어

이대리)

내가 원한 것이 바로 이런 것 이렇게 되는 거야

김대리)

언제나 잘 나가려는 후배 언제나 나를 무시하는 후배

이대리)

난 관심 없어 누가 날 뭐라고 해도 난 무관심해

누구든 바라지 모두가 원하지 승진을 잘 나가는 인생을

누구든 바라지 모두가 원하지 출세를 잘 나가는 인생을

김대리 오늘 아주 망했네. 왜 하필 부장님하고 사장님은 오늘 오셔서 이렇게 사람을 초라하게 만드냐고?

이대리 됐어. 드디어 승진은 내 차례야. 이제야 말로 나의 실력을 보여 주는 거야. 파이팅이다.

김대리)

어떻게 해야 할까 내가 능력이 없는 걸까 무엇을 해야 할까

이대리)

걱정 하고 근심할 일 없어 그냥 나가는 거야

김대리)

자신 없어 잘 할 자신 없어 내가 정말로 잘 나갈 수 있을까

김대리)

문제없어 걱정하지 말아 넌 잘할 수 있어

누구든 바라지 모두가 원하지 승진을 잘 나가는 인생을

누구든 바라지 모두가 원하지 출세를 잘 나가는 인생을

나가는 거야 저 멀리로 나가는 거야 승진을 위해

나가는 거야 저 멀리로 나가는 거야 출세를 위해

내 인생 행복한 내 인생을 위해 내 인생 행복한 인생을 위해

노래 끝. 암전.

#3 – 길

조명 인되면 길거리.

김대리 이거 막상 나오기는 했는데 ……

박철수 어느 쪽으로 가 볼까요?

김대리 어느 쪽? 글쎄. 뭐 우리나라 사람들 옷 입는 스타일이 뻔하니까 나가봐야 별 보탬도 되지 않을 텐데. 어디 명동? 강남? 하긴 나가봐야 내가 벌써 몇 년 전에 디자인으로 뽑았던 것들 울궈먹는 상황인데, 뭐 별 보탬이 되겠냐?

유지수 그렇지만 그때와는 상황이 많이 다르잖아요. 경제 상황도 다르고 사람들의 생각도 많이 달라졌는데.

김대리 다르면 뭐가 얼마나 다르겠어? 달라지면 한국 사람이 아니고 어디 미국 사람이라도 된대? 그래 봤자 한국 사람이지. 한국 사람은 뻔해. 딱 스타일이 나와 있잖아. 아줌마, 아저씨, 직장인, 청소년. 어쨌든 그렇게 진지하게 살펴보고 고민하지 않아도 정답은 항상 동일해.

박철수 그런 부분도 있지만 지금은 워낙에 모든 것들이 빠르게 변화되는 시대라서 우리의 취향이 사람들에게 제대로 먹힐지 걱정이네요. 사회적인 분위기도 지금은 좀 침울한 것 같고, 더구나 날씨도 엄청나게 바뀌었잖아요. 이런 부분들이 다 디자인에 영향을 끼쳐야 한다고 봅니다.

김대리 철수, 너 지금 나 가르치냐?

유지수 그렇지만 대리님. 그런 건 디자인에서 너무도 기본적으로 먼저 생각해야 하는 요소 아닌가요?

김대리 야, 그거 누가 몰라? 너희들 정말, 내가 요즘 슬럼프라고 너희까지 날 무시하냐?

유지수 죄송합니다.

김대리 나 김봉남이야 김봉남. 앙드레 김 선생님 이름 가지고 있는 김봉남.

김대리 회상에 잠긴다.

노래10 나는 김봉남 : 김대리

나는 김봉남 내가 김봉남
내가 존경하던 앙드레 김 선생님 이름 따라 개명했던 이름
대학 때 처음 나갔던 의상 콩쿠르 입상이라는 상을 내게 주었지
지금도 기억해 좋았던 그 기분
정말 나의 꿈이었어 내 희망 디자인
새로운 세상 창조하듯 나는 디자인을 해
새로운 텍스타일 새로운 디자인
새로운 개념 나는 나는 디자인을 해

노래가 진행되며 마임으로 과거의 순간들을 그린다. 회사에 입사, 표창, 등등 과거에 좋았던 기억들 몇 개. 대사가 동반되어도 좋다.

그러던 어느 날 내 아이디어가 사라졌어 어떡해

하나의 패턴 보면 10개 디자인 떠오르던 내 머리였는데 내 감각
이었는데
어떻게 할지 몰라
벌써 지나간 여러 달의 시간들 억지로 억지로 버텼던 힘겨운 순
간들
답답한 마음 불안한 마음 너무 힘들어
한번 잘못되니 모든 게 두려워
난 모르겠어 너무나 답답해
난 모르겠어 너무나 답답해
하지만 난 김봉남이야 최고의 디자이너 김봉남
난 할 수 있어 난 잘할 수 있어 김봉남 나는 최고야

유지수 저, 선배님.

김대리 너희들 그렇게 까불다 혼난다.

박철수 죄송합니다.

김대리 일단 나왔으니까 한 바퀴 죽 돌아보자.

유지수 예, 선배님.

다음 노래는 디자이너들이 길거리에서 사람들을 관찰하고 사진 찍고 등등
하면서 스케치 하는 상황. 배우들이 자신의 카메라나 관객의 카메라로 사진
찍는다. 무대와 객석 전체를 사용하며 관객들과 함께 사진 찍고 노래와 음악
이 중간 중간 연결되어 나오고 애드립이 섞이며 재미있게 진행된다. 김대리
팀과 이대리팀은 서로 만나지 않는다.

노래 11 **나라고 : 합창 분창**

나라고 언제나 떨어지고 있을까 언제나 대리로 살 수 있을까

그럴 수 없어 그럴 수 없어 나도 이제 승진을 해야지

이제는 실장 그 다음 차장 그 위에 부장 더 높은 이사 그리고 사장

이제는 실장 그 다음 차장 그 위에 부장 더 높은 이사 그리고 사장

기분 좋아 마음에 들어 출셋길이 열리는구나

이번이 기회 기회를 잡자 절대 놓칠 수 없어

기분 좋아 마음에 들어 출셋길이 열리는구나

이제는 실장 그 다음 차장 그 위에 부장 더 높은 이사 그리고 사장

이제는 실장 그 다음 차장 그 위에 부장 더 높은 이사 그리고 사장

모든 배우들 자기 상황 진행하고 음악 계속되는 가운데 김대리와 이대리에

게 차례로 조명

김대리 왜? 왜 내가 공격의 대상이 되어야 해? 나 능력 있어. 나 잘할
수 있어. 내가 가지고 있는 안목과 나의 능력이 합쳐지면 무적이 되는
거야. 지금은 잠시 슬럼프일 뿐이야. 이 슬럼프를 벗어나는 날 나는
다시 최강자가 될 거야. 이제 이것만 극복하면 돼. 멀지 않았어. 나도
오기 있고 능력 있어. 나도 얼마든지 잘할 수 있어. 내 주변에서 나를
비웃는 나의 선후배 동료들. 너희들 모두 얼마나 빈약한 능력들로 나
를 비웃었는지 알게 해 줄 거야. 나 김봉남이야. 앙드레 김 선생님의
이름을 딴 김봉남.

이대리 그렇지. 이렇게 나가는 거지. 이 사회에서는 누가 먼저 왔느냐

가 중요하지 않아. 누가 능력이 있느냐가 중요하지. 능력 있는 사람이 앞서는 것이고 승진하는 거지. 내가 앞설 거야. 저 김대리, 디자인 좀 했다고 으스대기만 하고 아무 것도 할 줄 모르는 김대리. 누구나 그만 큼의 능력은 있어. 누구나 그만큼은 할 수 있어. 거만하게 눈 내리 깔고 사람이나 우습게 아는 김대리. 곧 너는 내 발 밑에 기게 될 것이다. 기다려라.

기분 좋아 마음에 들어 출셋길이 열리는구나
이번이 기회 기회를 잡자 절대 놓칠 수 없어
기분 좋아 마음에 들어 출셋길이 열리는구나
이제는 실장 그 다음 차장 그 위에 부장 더 높은 이사 그리고 사장
이제는 실장 그 다음 차장 그 위에 부장 더 높은 이사 그리고 사장
이제는 실장 그 다음 차장 그 위에 부장 더 높은 이사 그리고 사장
이제는 실장 그 다음 차장 그 위에 부장 더 높은 이사 그리고 사장

암전.

#4 - 내일을 향해

술집. 칵테일 쇼 진행. 관객에게도 한두 잔? 그 사이 모든 캐스트들 서로 다른 테이블에 자리 잡고 앉아 칵테일 쇼를 구경하며 서로 술을 마신다. 각 팀은 술을 마시며 무언가 열심히 얘기하는 중이다. 물론 모두는 서로 다른 공간이다.

노래 12 나를 생각해 : 김대리 & 이대리

김대리)

나를 생각해 선배가 아니라 형처럼 이렇게 말했어 부장님이
내게 이렇게 말했어 부장님이 내게도 기회가 왔어 드디어
부장님이 내 뒤를 살펴 줄 거야

이대리)

나는 알았어 드디어 오늘 해냈어 멋지게 연구한 결과를
실장님은 내게 말했어 승진은 나의 것
내게 기회는 왔어 최선을 다해 나는 승진할 거야

듀엣)

이제는 실장 그 다음 차장 그 위에 부장 더 높은 이사 그리고 사장
기다려 실장 기다려 실장 나도 곧 실장
그리고 이제 차장이다
기다려 실장 기다려 실장 곧 부장이야
그리고 이사 그리고 사장
나에게도 드디어 출셋길이 열렸다.

아래 부분 대사는 한 팀에서 계속하는 것이 아니라 무대의 이 팀 저 팀에 분배되어 이쪽저쪽에서 산만하게 튀어 나온다. 술집의 술 취한 분위기. 애드립이 섞이면서 현재 상태보다 약 두 배 정도 더 길게 진행. 주된 내용은 오늘 회사에서 있었던 일들에 대한 직원들의 뒷담화. 비교적 신랄하게 관객들과 공감대 형성될 수 있도록 진행되면 좋겠다.

김대리   자! 출세를 위하여!

이대리   파이팅!

김대리   그런데 말이야. 우리 정실장은 왜 나를 인정하지 않느냐고? 아니 그깟 피티 좀 제대로 못할 수도 있는 것 아니야? 내가 누군데. 내가 가진 능력이 얼만데. 나 김봉남이야. 앙드레 김 선생님 이름을 딴 김봉남이라고

A   그건 아니라고 본다. 트렌드 분석은 우리 회사의 생명인데 그걸 제대로 못하면 곤란하지.

B   사실 너 여태까지 뭐 시킨 것 제대로 한 적 있냐?

C   그렇지. 한 번도 제대로 해서 보고한 적이 없잖아.

D   난 아니야.

E   난 언제나 철저하게 마쳤다고.

이대리   맞아. 분명하게 확실하게 일을 마무리 지어야 해.

F   그 친구가 오늘 심하긴 좀 심했지.

G   야, 사실 쌤통 아니냐?

H   그래. 맞아. 쌤통!

I   그 친구 정신 안 차리면 아마 이대리가 먼저 승진할 걸.

J   이대리. 아니 이실장님.

K   정신 차려. 똑바로 해야지.

김대리   왜 나만 보면 그러느냐고? 왜 나만?

이대리   아깝다. 아까워.

노래13 **잊어야 할 일 : 전체**

그런 거야 그런 거야 모든 것이 지나고 나면

후회가 남는 법 남는 법

잊으라고 잊으라고 실장에 대한 생각 잊으라고 잊으라고

그래 맞아 그래 맞아 아쉬움이 크기도 하지만

아닐 거야 아닐 거야 너에 대한 개인적인 불만 아냐

내게 온 기회 순간의 기회 잡아야 할 기회

아니야 아니야 실장이 나를 분명히 미워해

술잔을 들어 한잔 하자고 멋지게 달려 나갈 생각만 해

술잔을 들어 한잔 하자고 멋지게 달려 나갈 생각만 해

한잔 마시고 모두 다 잊어버려 내일을 위해서 모두 다 잊어버려

내일을 위해서 잊어버리자 건배

모두가 시끄럽게 떠든다. 술집에 사람들이 모두 모여서 떠들면 무슨 소린지
전혀 알아들을 수 없는 것처럼 모두가 동시에 시끄럽게 떠들어서 무대가 시
끌벅적하다. 이때 조명 살짝 바뀌며 김대리의 공상. 정실장이 지나간다.

김대리   어이, 정실장님. 이리로 오세요.

정실장   예! 이사님

김대리   그래 요즘 어떠세요? 고생이 많죠?

정실장   예!, 아닙니다. 이사님께서 잘 보살펴 주신 덕분에 잘 지내고 있습니다.

김대리   그래 내년 트렌드에 대한 분석은 끝이 났습니까?

정실장   예!, 대략적으로 끝이 났고 이제 본격적인 시장조사에 돌입할 예정입니다.

김대리   그래요? 그럼 시장 전망은 어떻습니까?

정실장   예!, 현재 30년 만에 닥친 최악의 불경기라 전망이 그리 밝은 편은 아니라 보입니다.

김대리   전망이 그리 밝지 않다? 그럼 어떻게 하는 것이 좋겠습니까?

정실장   예!, 전체적으로 볼 때 이런 상황에서는 다소간 투자의 폭을 줄이고 시장의 경기가 다시 살아날 때까지 기다리는 것이 최선이라 보입니다.

김대리   투자를 줄이고 기다리자?

정실장   예!

김대리   그보다는 R&D 쪽으로 더욱 투자의 폭을 넓혀야 하는 것 아닐까요?

정실장   예!, 아닙니다. 섣부르게 투자를 늘렸다가는 화를 당하기 쉽습니다.

김대리   화를 당하기 쉽다? 글쎄 내가 보기에는 보다 철저하게 준비해서 보다 효과적으로 투자를 늘리는 것이 불경기에 오히려 사세를 확장시킬 수 있는 절호의 기회라 보이는데.

정실장 예!, 그렇지 않습니다. 많은 기업들이 그런 생각을 하고 있지만 실제로 그렇게 행동으로 나서는 경우는 거의 없습니다.

김대리 그럼 망해야겠군?

정실장 예!, 예?

김대리 전망이 밝지 않으니까 투자를 줄이고 기다리자면서요? 그렇다면 뭐 새로운 것 만들어서 도전하는 것 보다는 그냥 있는 것 가지고 조용히 앉아서 망하기를 기다리는 것이 좋겠다는 말 아닙니까?

정실장 예!, 아닙니다. 제 말씀은 나중에 보다 확실한 투자를 위해서 당분간 긴축운영이 필요하다는 말씀입니다.

김대리 그 얘기가 그 얘기 아닌가 말입니다? 어려울 때니까 투자를 하지 말자는 얘기 아닌가 말입니다?

정실장 예!, 뭐 꼭 그런 말씀은 아니고 한번쯤 생각해 볼 필요도 있겠다 이런 말씀입니다.

김대리 그러니까 뭐가 어떻다는 얘기야? 당신 도대체 실장 몇 년째 하고 있는 거야? 그렇게 사람이 발전적이지 못하고 도전적이지 못하고 시장에 끌려 다니니까 여태 만년 실장 노릇하고 있는 것 아니야? 아니 내 말이 틀려? 이거 누구 보고야?

정실장 예!? 예. 저 이대리의 보곱니다.

김대리 이대리? 아니 걔 아직 안 짤렸어? 아직도 이 회사에서 월급 받고 있단 말이야? 당장 이대리 불러.

정실장 예!, 이대리. (춤추고 놀고 있는 이대리를 데리고 온다.)

이대리 (멋도 모르고 끌려와서) 부르셨습니까?

김대리 그래 불렀어. 긴축운영을 하자 이건 자네 의견인가?

이대리 예!

김대리 그래서 일이 제대로 되겠어? 사람이 말이야. 뭔가 어려움이 있으면 돌파하고 나갈 패기를 가져야 할 것 아닌가?

이대리 아니 제 말씀은 그러니까……

김대리 알아 알아. 알아 알아. 자네가 무슨 말할지 알아. 아무리 사람들이 소극적이라도 그렇지 그렇게 용기가 없어서 그거 어디에 써 먹겠냐고? 응? 그리고 말이 나왔으니까 말인데, 당신들 실패하는 기업의 대부분 공통점이 뭔지 알고 있나?

정실장 예!, 아니요. 글쎄요. 아직 생각해 보지 않았습니다.

김대리 (이대리에게) 너는 왜 대답이 없어?

이대리 죄송합니다. 생각해 보지 않았……

김대리 그러니까 투자를 줄이자는 말이나 하지. 실패하는 기업은 대부분 불경기에 투자를 줄여. 그래서 그때까지 확보해 놓은 시장을 상실하고 망하는 길로 나선다는 거야. 이런 단순하고 상식적인 얘기를 왜 그렇게 이해하지 못하는가 말이야.

정실장 예! 이사님 말씀 잘 알아듣겠습니다. 제가 생각이 짧았던 것 같습니다. 다시 한 번 생각해서 이사님께서 원하시는 보고를 올리도록 하겠습니다.

김대리 이봐. 이봐. 이봐. 이봐. 아직도 이해를 못하고 있잖아.

노래8 Re. 입에 발린 보고는 싫어 : 김대리

부장님 마음에 들려는 것처럼 내 마음에도 들고 싶어

공부해 연구해 독창적이려 애써 공부해 연구해 독창적이려 애써

그렇게 입 발린 얘긴 하지마 왜 내가 원하는 보고를 해
지금은 이십일 세기 그렇게 입에 발린 보고의 시대는 갔어
지금은 경쟁에서 살아 남아야 해. 스스로 살 길을 찾아야만 해
상사 입맛에나 맞추려는 것 그건 지나간 시대의 유산
살아 남는 것이 중요해 살벌한 경쟁의 시대에서
무엇을 어떻게 제시할 것인가 어떻게 이익을 창출할 것인가
이게 보고의 내용이야

정실장　예!, 아니요. 예!, 아니요. 알겠습니다. 다시 한 번 연구하겠습니다.

김대리　이 일에 당신들 자리가 달려 있어요. 분명히 말하지만 이번이 마지막이에요. 아니면 옷 벗으세요. 능력이 없으면 끝나는 거에요.

정실장 · 이대리　(어깨를 늘어뜨리고) 예.

둘의 뒷모습을 바라보며 통쾌함으로

노래11 Re. 나라고 : 김대리

나라고 언제나 떨어지고 있을까 언제나 대리로 살 수 있을까
그럴 수 없어 그럴 수 없어 나도 이제 승진을 해야지
이제는 실장 그 다음 차장 그 위에 부장 더 높은 이사 그리고 사장
이제는 실장 그 다음 차장 그 위에 부장 더 높은 이사 그리고 사장
기분 좋아 마음에 들어 출셋길이 열리는구나
이번이 기회 기회를 잡자 절대 놓칠 수 없어

기분 좋아 마음에 들어 출셋길이 열리는구나

이제는 실장 그 다음 차장 그 위에 부장 더 높은 이사 그리고 사장

이제는 실장 그 다음 차장 그 위에 부장 더 높은 이사 그리고 사장

너무 기분이 좋고 술도 취해서 동료들과 신나게 논다.

박철수   오늘 끝까지 가는 거야. 끝까지. 야, 마이크! 달려라!

박철수, 옷을 벗기 시작한다. 팬티만 남기고. 팬티에는 멋진 그림이 …… 화장지 둘러쓰고 흔히 볼 수 있는 완전히 맛이 간 상태. 술에 취해서 관객과 함께 부를 수 있는 노래(〈샤방샤방〉?)를 부르고 박수 치며 …… 이때 실장 슬쩍 등장해 주변을 살피다가 소리 지른다.

정실장   회의!!

음악도 없고 노래도 없이 완전한 침묵으로 마임 진행. 동작은 슬로우로. 정실장 가운데 있고 나머지 서류들을 가져가 정실장에게 보고하고 정실장은 훑어보고 거부하는 표시로 서류들을 하늘에 던진다. 멋지게 날아다니는 종이들. 팀원들 다시 모여 서로들 회의하고 또 보고하고 또 거부당하고 또 회의하고 하는 과정을 슬로우와 마임으로 동시에 구성한다. 박철수는 당연히 팬티만 입고 어쩔 줄 몰라 하며 마임에 참가한다. 중간 중간 옷을 입으려 애쓰며. 마임 끝나고 모두 어느 정도 정리를 마치면

노래14 **우리는 샐러리맨 : 합창**

우리는 샐러리맨

아침 6시 무거운 눈을 뜨고 일어나

직장에 도착해 내 자릴 정리하고 인사하고 하루의 일과를 준비해

피곤한 하루 지치는 하루 변화 없고 모든 것이 지치는 하루

오늘과 어제가 내일이 같을 거야

벗어나고 싶어 이 지루한 일상을

어디까지일까 내 일은 내 삶은

특별하지도 않고 그저 평범함

일상으로부터 벗어나고 싶어

우리는 샐러리맨 열심히 일하는 샐러리맨

매일이 지치기도 하지만 우리는 열심히 일해

매일이 반복된 일이지만 이 일이 행복을 주죠

살아갈 이유를 주고 내 삶에 여유를 주죠

때로는 힘들기도 하지만 열심히 일해 최선을 다해

이것이 나의 일 우리의 일

우리는 샐러리맨

암전.

#5 – 우리는? ───────────────

조명 인되면 길거리. 모두는 술에 취해서 집으로 돌아가는 길이다. 서로는 아직 만나지 않는다. 대사도 각자의 자리에서 서로에게 주고받는다.

박철수 김대리님. 오늘 뭔가 건지긴 건지셨어요? 이제 뭔가 해야 할 것 같은데. 대리님이 잘 돼야 저도 잘되는 거니까. 후배들에게 밀리지 마시고 얼른 승진해서 저도 좀 키워 주십시오.

이대리 뭘 그까짓 것 가지고. 잘 봐둬. 내가 꼭 승진할 테니까.

김대리 그렇지. 당연한 얘기지. 나 말고 누가 승진할 거야?

최순희 그래도 김대리님도 능력 대단하잖아. 지금 일시적으로 슬럼프라서 헤매고 있지만.

박철수 가끔씩이란 의미가 없는 말이죠. 언제나 분명하게 뭔가를 보여줄 수 있어야 하니까요.

유지수 나도 얼른 자리 잡아 인턴 딱지 떼야 할 텐데.

미스터송 맞아 가끔씩 없는 사람 있어? 누구나 다 가끔씩은 있는 거야.

이대리 그래. 맞다. 언제나 능력!

김대리 역시 능력이 중요해. 오늘 내가 약간 실수를 해서 그렇지. 큰 문제 아니야. 나 알지? 나, 김봉남. 앙드레 김 선생님 이름 딴 김봉남.

미스터송 맞아요. 능력이 우선이죠.

박철수 대리님, 사랑합니다.

유지수 슬럼프도 끝이 있는 거니까. 곧 벗어날 수 있으시겠죠.

노래15 **우리가 최고다 : 김대리 & 이대리 합창 분창**

김대리)

우리가 앞선다 우리가 최고다

우리가 앞선다 우리가 최고다

사람은 누구나 기회를 잡아야 해

능력이 있어야 해

우리는 사나이 능력의 사나이

사나이로써 할 일 끝낸다

이대리)

우리가 앞선다 우리가 최고다

우리가 앞선다 우리가 최고다

우리는 누구든 최고 될 수 있다

인생을 도전하는 누구나

인생은 가능성 인생은 투자

우리가 바라는 최고

합창)

앞으로 달려가자 앞으로 달려나가자

인생은 도전 인생은 가능성 앞으로 달려 나가자

앞으로 달려가자 앞으로 달려나가자

인생은 도전 인생은 가능성 앞으로 달려 나가자

모두 자! 가자!

갑자기 서로 발견한다.

김대리 아니, 이거 누구야?

이대리 어머 여기 웬일들이세요?

김대리 우리 한잔하고 가는 중이지.

박철수 우리 사무실 능력파 여성들 다 모였습니다.

미스터송 썽 블라그.

김대리 뭐라고?

최순희 아니에요. 아무 것도. 그냥 농담한다는 얘기예요.

김대리 나도 알거든요. 나도 불어 좀 하거든요.

박철수 그럼 우리 다 모였으니까 실장님도 오시라고 할까요?

유지수 그게 좋겠네요. 실장님만 계시면 우리 디자인실 핵심 멤버는
모두 있는 거니까.

이대리 그러죠. 실장님 오시면 반가워하시겠네요.

김대리 실장 얘기 하지 마.

최순희 어머 왜 그러세요. 그래도 그런 분 별로 없어요.

김대리 별로 없긴 뭐가 별로 없어요? 나만 못 잡아먹어서 매일 안달인
데요.

미스터송 노노노노노노. 그건 그렇게 얘기할 수 없는 거죠.

김대리 아니 내가 뭐 틀린 말했어? 오늘만 해도 그렇잖아. 뭐 피티 좀
더듬을 수도 있는 거고. 살다 보면 그럴 수도 있는 거지. 응, 부장님하
고 술 한잔하다가 준비 좀 못했기로서니 뭐 그런 단순한 일로 사람 기
를 그렇게 죽이느냐고?

미스터송 그렇게 말씀하시면 안 되죠. 사실 뭐 실장님이 그렇게 틀린 말한 것도 아니잖아요.

김대리 틀린 말도 아니라고?

유지수 참으세요.

미스터송 그렇잖아요. 사실 김대리님이 제대로 일을 못해서 그렇게 된 거지 어디 실장님이 김대리님과 개인적인 뭐가 있어서 그렇게 했겠어요?

김대리 오라라라라라라. 그런 소리 마세요. 나 김봉남이에요. 앙드레 김 선생님 이름을 딴 김봉남. 나 능력 있어요. 우리 정실장님은 뭘 잘 모르는 분이세요.

최순희 아니죠. 실장님을 그렇게 쉽게 매도하지 마세요.

박철수 뭐, 매도? 야, 최순희 씨 많이 컸네. 선배한테 그런 말을 다 하고.

이대리 철수 씨, 그렇게 선배 강조할 필요는 없는 것 아니에요. 사회는 능력이 우선이니까? 실장님이 나를 승진 대상자로 지목한 것도 내가 가진 능력을 올바르게 평가해서 그런 거 아니냐고요. 사실 며칠 동안 밤새면서 나만큼 피티 준비한 사람 어디 있어요?

최순희 이대리님. 지금 뭐라고 했어요? 그럼 혼자 다 했단 말인가요?

이대리 누가 혼자 다 했다고 했어? 그냥 내가 며칠 밤새면서 고생했다 이거지.

박철수 그러지 말고, 그냥 혼자 다 했다고 하세요. 그 말이 그 말인 것 같은데……

이대리 따지고 보면 그렇기도 하지. 사실이 그렇지.

최순희 야, 이거 가만히 듣자니 열 받는데. 아니. 그럼 지금까지 대리님 밤새면서 준비할 수 있도록 자료 찾아주고 함께 토론해 준건 누굽니까? 우리 팀의 팀장이라고 대리님이 원하는 자료 시장 나가 가져오고 인터넷 뒤져 찾아오고 하다못해 복사해 달라면 그것까지 해줬잖아요. 그런데 이제 와서 그렇게 말할 수 있어요?

이대리 왜 이렇게 흥분하고 그래? 그럼 그런 단순한 일 좀 도와줄 수도 있는 거지. 트렌드 분석이며 피티에서 발표할 내용들 뭐 이런 핵심적인 것들은 다 내가 한 거잖아. 그런 단순한 일로 무슨 생색을 그렇게 내려고 해.

최순희 뭐라고요? 단순한 일이요? 아니 그럼 내가 하녑니까? 중요한 일은 혼자 다하고, 나는 그저 뒤치다꺼리나 하는 하류인생입니까? 더군다나 내가 옛날 장기 살려서 대리님 말하는 거며 자세 제스처 발표할 때의 억양, 뭐 이런 것까지 모두 정리해줬잖아요.

이대리 가만 있어봐. 그럼 나는 로봇이라는 거야? 네가 시키는 대로만 했다는 거야? 내가 그래도 능력이 있으니까 그만큼 한 거 아니야. 다른 사람들에게 얘기했으면 제대로 따라 하기나 했겠어?

최순희 야, 정말 돌아 버리겠네. 대리님 말할 때 '했습니다' 이렇게 말하는 거 '했습니다' 이렇게 고쳐준 게 누굽니까? 하다 못해 다이어트까지 함께 찾아서 다녀주고 하여간 자료 준비할 때 항상 옆에 있던 게 누구냐고요?

박철수 야, 잘한다. 최대리님 멋져요.

이대리 그래. 네가 다 했다. 네가 능력자다. 나는 로봇이고 네가 시키는 대로 다 했다.

최순희 그렇게 빈정거리지 말고 똑바로 말하세요. (혼잣말로) 촌스러운 넌 데려다 때 빼고 광내 줬더니 이제 네가 내 뒤통수를 쳐?

김대리 그래. 그래 계속해. 쪽

이대리 뭐 촌스럽다고? 너 촌스러운 건 생각 안 하니? 사실 말이 나왔으니까 말인데 네가 옛날에 무슨 웅변학원에서 강사를 했는지 뭘 했는지 몰라도 네가 옷 입는 거며 트렌드 분석할 때 방향 잡는 거, 이런 거 정말 유치하게 촌스러워.

김대리 오케이, 오케이, 계속해. 계속해. 그냥 밀고 나가.

이대리 (김대리에게) 지금 불난 집에 부채질 하는 겁니까?

김대리 어? 왜 화살이 나한테로 와? 여기가 아니야. 저기라고.

유지수 그만 하세요.

박철수 그래. 저쪽이에요. 빨리 계속 쏘세요.

최순희 그만해요.

박철수 왜? 일단 시작했으면 끝까지 가야죠.

미스터송 이제 그만하세요. 같은 회사 사람들끼리 왜 이러세요? 수준 차이 나게.

김대리 가만 있어봐. 이거 말이 이상하네. 아니 우리가 언제 싸움시켰어? 먼저 시작한 싸움 계속하라고 하는데 뭐가 잘못이야?

박철수 그렇지. 계속하라고.

미스터송 (소리 지른다) 야!! (모두가 미스터송을 쳐다보고, 미스터송은 다시 조용하게) 어머. 미안합니다.

박철수 깜짝 놀랐잖아. 야, 미스터송 오늘 뭔가 새로운 모습을 보여주는데.

미스터송 우리 이제 그만하고 실장님도 불러서 모두 같이 단합이나 다 지죠.

유지수 좋아요. 제가 전화 드릴까요?

박철수 실장님? 그래. 그것도 괜찮겠다.

김대리 안 돼! 왜 갑자기 실장 얘기로 넘어가?

미스터송 실장님께 제가 전화할게요.

노래16 그만 : 김대리 & 코러스

김대리)

그만 그만 그만해 실장 얘기 더 이상 하지마

아침 생각하면 지금도 지옥이야 날 흥분시키지마

A)

그렇게 흥분 마요 건강 해로워

사실이 그렇지요 일 못한 사람

김대리)

뭐뭐뭐뭐뭐라고 제대로 일 못했다고

A)

사실이잖아요

김대리)

뭐뭐뭐뭐뭐라고 생사람 잡는단 말인가

A)

그 말이 맞긴 해

김대리)

뭐뭐뭐뭐뭐라고

A)

틀린 말도 아니네

김대리)

그만 그만 그만해 분석 나도 할 수 있어

A)

분석보다 중요한 건 인정받는 일

김대리 시끄러.

미스터송 따걸!

김대리 헛소리 하지 마. 그래 내가 뭘 잘못했어? 그리고 지금 얘기하는 거 보라고. 이렇게 후배가 선배한테 말 막 해도 되느냐고?

최순희 언제 우리가 말을 막 했다고 그러세요? 말을 먼저 막 한 건 김대리님이잖아요.

박철수 그래요 그 말도 맞아요. 사실 말을 막한 건 김대리님이죠.

유지수 박대리님, 왜 그래요?

김대리 아니 철수, 왜 그래?

박철수 예? 아니. 저는 그냥 말을 막 한다니까 ……

김대리 이것 봐라. 그래 내가 다 잘못했다? 너희들은 잘나고 나만 못났다?

이대리 언제 우리가 잘났다고 했습니까? 정말 많이 취하셨군요.

김대리 취하긴 뭐가 취해. 뭐 피티 한번 제대로 하고 실장한테 잘 보였다고 세상이 다 네 것이라도 된 줄 아냐?

미스터송 일에 푸 우 꽈?

김대리 시끄러.

이대리 아니 취했다고 그렇게 말 함부로 하지 마세요.

김대리 뭐라고? 말 함부로 한다고. 그래 야 이 씨팔년아. 말 함부로 했다. 어쩔 거냐?

최순희 (순간 멍해져 옆으로 피하면서) 어머. 이게 무슨 일이다니? 왜 이러니?

김대리 어쩔 거냐고?

최순희 (정신을 차리고) 그래 이 개 같은 자식아. 너만 욕할 줄 아냐?

김대리 그래 좋다. 한 번 해보자 이거지. 나는 매일 개인적인 일로 바빠서 일도 제대로 못하고 너처럼 잘난 인간들보다 피티도 못하고 월급만 축내고 있다. 너희들이 내 월급이라도 주냐? 무슨 사장이라도 되냐?

미스터송 참 여러 찔이네. 아유, 짜증. 빨리 빠리로 떠야지. 아유 수준 차이 나.

박철수 그러지 말고 참으세요. 후배들하고 이게 무슨 일입니까? 창피하게.

유지수 김대리님. 이러시면 안돼요. 나중에 어떻게 얼굴 보려고 이러세요.

김대리 이거 놔. 말리지마. 내 오늘 쟤들 다 죽일 테니까.

최순희 그래. 해보자. 정신 똑바로 차려. 자기 할 일은 제대로 하면서 큰소릴 쳐야지.

김대리 그래 좋다. 오늘 다 같이 죽자.

박철수 아닌데 이러면 안 되는데.

슬로우로 진행되는 장면. 서로 달라붙어 난타전. 싸움의 처음은 김대리와 나머지. 그러나 그 싸움은 간단하게 김대리와 나머지의 싸움은 아니다. 모두가 싸우고 무대의 모든 것을 가지고 싸운다. 싸움은 실제 싸움이 아니라 아크로바틱을 이용해 다양한 동작으로 구성하면 좋겠다. 싸움이 약간 진행되고 코러스 중 하나 옆에서 노래한다. 인생이란 싸움이 아닐까? 싸움을 진행하면서 무대를 부수고 그것을 다시 조립해서 사무실이 될 수 있으면 하는 바람이다.

노래 17 **삶이란**

사람들은 말하지 삶이란 시련의 반복이라고
사람들은 말하지 삶이란 고통과 아픔이라고
그래 맞아 삶이란 시련과 고통과 아픔이야
그러나 삶이란 시련과 고통과 아픔만 있을까
우리는 싸운다 헤치며 나간다 싸워서 이겨 나간다
그런 거야 삶이란 싸워 이기는 거야 /
싸워 이기는 거야
우리는 싸운다 헤치며 나간다 싸워서 이겨 나간다
그런 거야 삶이란 싸워 이기는 거야 /
싸워 이기는 거야

암전.

#6 – 내일

암전에서 김대리 혼자 싸우는 소리. "야 덤벼. 까불지 말라고." 소리 지르고 등등.

박철수 대리님! 김대리님! (조명 인, 의자에 앉아 졸고 있는 김대리를 박철수가 흔들어 깨우고 있다.) 정신 차리세요!

김대리 (깨어나며) 응? 응?

박철수 아니 무슨 잠꼬대를 그렇게 요란하게 하면서 주무십니까? 사무실에서 …….

김대리 응? 잠꼬대? (후다닥 일어나며) 우리 아무 일도 없었지?

박철수 무슨 일이요?

김대리 아니 저기 이대리 쪽 친구들하고?

유지수 아니요. 아무 일도 없었는데요.

김대리 아휴 정말 다행이다. 생각만 해도 끔찍하네.

유지수 왜 무슨 꿈을 꾸셨는데요? 이대리님이 출연이라도 했어요? 무슨 꿈인데요?

김대리 응 아니 아니 별일 아니야. 아무 일도 아니야.

박철수 요즘 이대리님이 무섭긴 무서운가 보죠? 꿈에 다 나타나는 걸 보니. 하긴 요즘 우리 디자인실의 대세죠.

김대리 대세는 무슨!

박철수 죄송합니다.

유지수 에이 김대리님, 솔직히 이대리님 능력 있잖아요.

김대리 능력? 내가 제대로 하면 쟤 지금 하는 것 10분이면 다 끝낼 일들이야.

박철수 오늘 피티 보셨잖아요. 얼마나 깔끔하게 잘 했습니까? 반면 김대리님은, 솔직히, 아니었죠.

김대리 야 박철수! 그래 내가 아니었던 것, 인정한다. 그런데 뭐 이대리가 깔끔하다고? 그거 무슨 뜻이냐?

박철수 죄송합니다.

김대리 너 그런 안목으로 어떻게 디자인할래? 디자인은 사람들의 이성과 감성, 문화적인 성향, 당 시대의 인간적 고뇌와 인간의 심리를 파악하고 역사적인 상황과 경제적인 분위기까지를 파악해야 제대로 된 트렌드를 제시할 수 있는 거야. 그렇다면 이대리가 어떤 접근방법을 이용해서 추출해 낸 어떤 근거로 피트 앤 플래어를 제시했냐?

박철수 죄송합니다.

김대리 그렇게 일반적으로 들리는 이야기들 정리해 발표했는데 어떻게 능력이 있다고 인정할 수 있냐고?

박철수 죄송합니다.

유지수 그럼 김대리님이 보시기에 앞으로의 트렌드는 어떤 건가요?

김대리 나? 모르겠다.

유지수 예?

김대리 모르겠다고. 그게 지금 나의 고민이라고.

유지수 김대리님.

김대리 전에는 그게 잘 보였는데 갑자기 잘 안 보인다고. 이유는 나도 모르겠다고. 정말 죽겠다고.

유지수 에이, 대리님.

김대리 어쨌든 너희들, 내가 피티 한 번 망친 걸 가지고 나를 우습게 보는 거냐?

박철수 아닙니다.

김대리 까불지 마라. 내가 한두 번 실수한 것 가지고 너희들이 뭔가를 착각하고 있는 것 같은데.

박철수 아닙니다. 그런데 사실, 대리님은, 한두 번이 아니고 벌써 이게 여러 번째입니다.

김대리 박철수!

박철수 죄송합니다.

유지수 저 선배님.

박철수 그렇지만 말 나온 김에 조금 더 얘기하자면, 사실 얼마 전부터 우리 디자인실에서 김대리님 존재감 확 상실되고 지금은 거의 이대리님 쪽으로 기울어 있습니다.

김대리 그런 말도 안 되는 소리하지 마.

박철수 죄송합니다.

유지수 말도 안 되는 소리가 아닙니다. 솔직히 요즘 김대리님, 정말 별로입니다.

김대리 이거 정말 왜 이래? 너희들 둘 다 미친 것 아니야?

유지수 죄송합니다.

김대리 이봐 박철수, 부장님 보필하랴, 정실장 눈치 보랴 치고 올라오는 후배에 내가 얼마나 힘든지 알잖아. 잘 알면서 왜 너까지 한몫 거드는데?

박철수 대리님 일이 부장님 보필하고 실장 눈치 보느라 치고 올라오는 후배에게 깨지는 건가요?

김대리 야! 너 지금 말 다했어?

박철수 죄송합니다.

유지수 그건 대리님 일이 아니죠. 대리님 일은 디자인이죠.

김대리 그만해라!

　　　　　잠시 전부터 등장해 이들의 대화를 듣고 있던 부장 불쑥 개입하며

부장 그만하긴 뭘 그만해?

김대리 아니 부장님.

부장 매일 아침 술 냄새 풍기며 출근해서 하루 종일 하품하며 졸고 있고 회의시간에 다른 생각하고 수시로 사우나에 들락거리고 하라는 일 제 시간에 끝내지 않고 걸핏하면 자리 비우고. 이게 최근 네 모습 아니냐? 김봉남?

김대리 저, 부장님.

부장 게다가, 쟤가 한 거 난 5분이면 50개는 디자인 한다, 내가 하면 저 디자인 10분이면 끝낼 일이야, 한국 사람은 다 뻔해. 정답은 항상 동일해, 연구해봤자 별 보탬도 되지 않아. 이게 최근 네 어록 아니냐?

김대리 저, 부장님.

부장 그럼 뭐 하러 일하냐? 다 뻔한 데 왜 머리 아프게 일해?

김대리 죄송합니다.

부장 항상 뻔하고 연구해봤자 별 보탬도 되지 않는다며?

김대리 제 말씀은 그게 아니라……

부장 세상이 그냥 멈추어 있냐? 끊임없이 변화하고 움직이는 것 아니야? 원리라는 기본만 제 자리에 있는 것이고. 그런데 너는 그 원리에 대한 약간의 지식과 감각을 가지고 모든 것을 다 아는 것처럼 모든 걸 무시하고 우습게 알고 있어.

김대리 죄송합니다.

부장 그럼 뭐 하러 출근하고 뭐 하러 일하느냐고? 아무 것도 할 필요 없잖아. 월급 받으러 출근하냐? 승진하고 싶어서 출근하냐?

김대리 부장님.

부장 뭔가 목적이 있을 것 아니야? 네가 출근하는 목적이 뭐냐?

김대리 죄송합니다. 부장님.

부장 죄송하다는 말만 하지 말고 네가 무엇 때문에 출근하고 무엇 때문에 일하는지 그 목적을 말하란 말이야.

김대리 목적이요?

부장 그래. 목적! 네 인생의 목적!

김대리 생각해 보겠습니다.

부장 내 이럴 줄 알았지. 목적도 없이 살아가고 있으니 뭐가 제대로 될 리가 있나? 잘 생각해 보고 내일까지 네가 왜 출근하고 왜 일하는지 그 목적을 정리해서 나에게 가져와.

김대리 알겠습니다.

부장 (돌아서다가) 잠깐, 한 번 웃어봐.

김대리 예?

부장 웃어보라고. 활짝.

김대리 (억지로 웃는다.)

부장 그게 웃는 얼굴이야?

김대리 (더욱 ……)

부장 그 얼굴 가지고 뭐 하겠어?

김대리 죄송합니다.

부장 그렇게 불만이 많아?

김대리 아닙니다.

부장 그렇게 짜증이 나면 그냥 집에서 쉬어.

김대리 아닙니다. 부장님.

부장 얼굴이 그렇게 불만족스러운데 그 얼굴에서 어떻게 만족스러운 작품이 나오겠나?

김대리 예?

부장 네가 짜증내면서 일하면 네 일도 짜증으로 만들어질 것이고, 웃으면서 일하면 네 일도 당연히 웃음으로 만들어질 거 아니야?

김대리 죄송합니다.

부장 잠깐, 너 혹시 나하고 술 좀 마시러 다닌다고 그렇게 생활하는 것이 용서되리라고 생각하냐?

김대리 아닙니다.

부장 자식, 뭘 좀 하는 것 같길래 키워줄라고 했더니 도무지 허당이로구만. 아까만 해도. 뭐야? 장난해? 그게 네 능력이야? 내가 기댈한다고 잘해보라고 얼마나 얘기했어? 그런데 네가 나에게 보여줄 것이 고작 그것 밖에 없단 말이냐?

김대리 죄송합니다.

부장 누군가 너를 믿으면 믿는 사람 배신은 하지 말아야지. 나는 지금 껏 그래도 네가 능력이 있고 뭔가 잘 할 수 있으리라 생각해서 아꼈었 는데, 너는 그렇게밖에 갚을 수 없냐? 믿음을 배신하는 놈은 절대 성 공할 수 없는 거야, 임마.

김대리 죄송합니다.

부장 너 잘려서 집에 가서 쉴래?

김대리 네?

부장 그래. 내가 보기에 넌 삶의 목적도 없고 얼굴엔 불만만 가득하고 애초에 싹이 노랗다. 집에 가서 쉬어라.

김대리 부장님.

부장 그럼 이익 창출 못하고 월급이나 축내는 직원은 자르는 게 기업 아니냐?

김대리 죄송합니다. 부장님.

부장 그래. 그렇게 하자. 너 당장 사표 써. 너처럼 자신과의 싸움에서 패배하는 놈은 더 이상 월급 주고 키울 생각 없어. 너 내가 젊었을 때 어땠는지 아냐? 난 부장님하고 밤새 술 마셔도 아침 일찍 출근해서 자 리 한 번 비우지 않고 최선을 다해서 일했어. 그 덕분에 지금 부장이라 도 하는 것이고. 그런데 너는 그 술 몇 잔 마셨다고 그리고 나하고 조 금 어울렸다고 그렇게 생활이 흐트러지면 앞으로 네가 뭘 할 수 있겠어? 인생이 그렇게 우스워 보이냐? 아무리 봐도 너는 백수나 되는 게 제일 좋겠다.

김대리 부장님.

다리에 힘이 빠진 김대리 주저앉아서

노래 18 **백수 : 김대리**

나는 할 일 없는 백수

아침에 일어나 눈을 뜬다 참 나 백수지 어디 갈 데가 없지

다시 눈을 감는다 또 잔다 또 다시 눈을 뜬다 점심이나 먹을까

아무 것도 안 해서 배가 안 고파

좀만 더 자자 다시 눈을 감는다

한참을 자고 나서 다시 눈을 뜬다 지금 시간이 오후 3시

뭘 할까 할 일이 없네 티비를 튼다

〈무한도전〉〈극한직업〉 텔레비전 프로그램들

3시간째 할 일 없이 가만히 누워 있다

저녁 시간이 가까워 온다

몸을 일으키니 머리는 삐져나오고 얼굴은 푸석푸석

눈은 띵띵 부었고 입 주변에는 허연 침 자국

이 꼬질꼬질한 냄새는 이부자리에서

나는 백수 나는 백수 할일이 없는 나는 백수

하루 이틀 일주일 한 달 일 년

나는 백수 나는 백수 백수

김대리   (펄쩍 뛰어 일어나며) 안 돼!

부장   너 똑바로 알아둬. 나는 네가 능력이 있다고 생각해서 조금이라

도 힘이 돼주고 싶었다. 그런데 네가 이런 식으로 자기 관리도 못하고 자만에 가득 차서 후배들 앞에서 잘난척이나 하고 그렇게 다른 사람의 믿음을 배신한다면, 너는 미래가 없다. 너 조금 전에 뭐라고 했냐? 뭐, 부장님 보필하고 실장 눈치보고 치고 올라오는 후배들이 어떻다고? 너 이 회사에 왜 들어왔냐? 디자인하러 들어온 것 아니야? 여기 저기 눈치보고 이 사람 저 사람에게서 차일려고 들어왔냐? 네 일에 능력을 다해서 최선을 다하면 모든게 잘 되게 돼 있어. 그런데 너처럼 생각하면서 일하는 놈치고 제대로 되는 놈 본 적이 없다. 한심한 놈.

       부장 퇴장. 박철수와 유지수는 약간 미안해 한다.

박철수   선배님. 죄송합니다. 저희들이 너무 건방을 떨어서.
김대리   응? 그래 그래. 일단 우리 생각 좀 해 보자고.
유지수   선배님. 저 제가 주제넘지만 한 말씀 드리겠습니다.
김대리   알았으니까 이제 좀 그만 하자.
유지수   아닙니다. 꼭 드려야 하는 얘깁니다.
김대리   그만 하자고 좀.
유지수   사실 전부터 얘길 드리고 싶었는데 기회가 없어서. 대리님. 잘 아시다시피 개인적으로 저는 대리님 대학 후배입니다. 저는 정말 이 회사에 들어올 때 기뻤습니다. 선배님이 이 회사에 있었기 때문이죠.

노래19 **선배 : 유지수**
선배 기억해요 나 지금도 기억해요 그때의 선배를

실습실에 가면 언제나 있던 선배
무엇이든 물어보면 함께 해결해 주었고
디자인을 하면 맘이 편안해지고 세상을 다 가진 것 같다던
얘기 했죠 선배가
하고 싶은 일 하면서 살 수 있다는 건 가장 큰 행복이라고
그런 선배를 보며 나도 디자이너의 꿈 키웠어요

유지수 그런데 어느 날부턴가 선배가 이상해졌어요. 뭔가를 하겠다는 의지도 보이지 않았고 사람들을 무시하기만 했고 디자인 할 때도 즐거워 보이지 않았고 무언가에 항상 쫓기는 것 같았어요.

많은 후배가 선배를 기억해요
많은 후배가 선배를 바라보죠
책임을 느껴야 하지 않을까요 바라보는 그들에게
내가 하면서 즐거운 일 하면서 행복한 일
나는 기억해요 선배가 해 주었던 이 말 기억해요
선배 예전 그 모습 선배 돌아와 줘요

유지수 죄송해요. 선배님.
박철수 죄송합니다.
김대리 (한동안 멍하고 서 있다가) 응, 그래. 응.

조명 바뀌며 김대리는 대학생 시절을 뒤돌아보고 과거를 회상하며 행복했던

순간들을 그리며 노래.

내 인생은 내가 : 김대리

지난 몇 달의 내 인생 되돌아본다

나는 무엇을 하고 있었나 내가 좋아한 일 무엇이었나

그래 대학시절 하루도 빼지 않고 실습실에서 디자인 했지

그것이 내 행복이었으니까 그게 행복했으니까

디자인하면 세상을 다 가진 듯 했고

언제나 행복했었어

디자인 하면서 행복하게 살자

내 인생을 설계했었지

나는 디자인하며 행복했었지

내 디자인은 사람들을 행복하게 했지

약간의 간주. 마임은 직장 생활 처음부터 지금까지.

그러나 사람들과 과도한 경쟁

상사들에게 잘 보이려는 쓸데없는 몸부림

눈에 띄는 실적만 요구하는 회사

가치와 비전보다는 무한경쟁과 투쟁

정신은 메말라가고 목표는 사라지고

나는 디자인을 하고 싶은데 나는 지금 무얼 하나

노래와 마임 동시에 진행되다가 노래 끝에 결국 김대리를 비롯 코러스들 주 저앉는다. 잠시 주변을 둘러보고 마음을 다잡고 일어서며

김대리 그래. 내 일은 이런 것들이 아니야. 내 일은 디자인이야. 디자인. 이봐. 철수. 우리 다음 시즌 피티 언제 하기로 했더라?

박철수 다음 주 금요일입니다. 그거 끝내고 토요일까지 일박이일 단합대회 가기로 했습니다.

김대리 참, 맞아. 그랬었지. 지수, 오늘 우리 팀 사전 단합대회 한 번 가질까?

유지수 좋습니다.

나는 그 동안 잊고 있었어
디자인은 내가 좋아하는 일이란 걸
디자인을 하면서 나는 행복하단 걸
행복이 인생의 목적이란 걸
어느 순간 디자인이 억지로 하는 직업이 되어
싸움의 무기가 되었지
나는 투사가 아니야 나는 디자이너야
디자인은 내 일이야 내가 좋아서 하는 일이야
나를 웃음 짓게 하고 나를 행복하게 만드는 내일이야 내일 내일

끝.

창작 뮤지컬
〈내일〉

악보

01 우리는 디자이너

디 자 이 너 디 자 이 너 우 리 는 디 자 이 너 멋 진 세 상 만 들 어 가 는 우

리 는 디 자 이 너 우 리 는 창 조 한 다 새 로 운 세 계 를 만 들 어 간 다 멋 진 세 상

을 우 리 는 아 름 다 운 색 깔 황 홀 한 색 깔 매 력 적 인 색 깔

찬 란 한 색 깔 직 선 과 곡 선 원 과 삼 각 형 사 각 형 오 각 형 육

각형팔각형

우리눈에 보이는모든것 우리손에잡히는

모든것 상상할수있는 모 든것 생각할수있는 모

든 것

D   G   Bm⁷   A   D   G   Bm⁷   A

우리는 만들어가 화려한 세상을 만들어가 꿈 같은세상을디

자 이 너　우 리 는 디 자 이 너 멋 진 세 상 만 들 어 가 는 우 리 는　디 자 이

너　디 자 이 너　디 자 이 너　디 자 이 너

02 축하합니다

03 나는 김대리

JS.IM

04 아니 벌써

♩=120

JS.IM

아 니 벌 써 시 간 이 이렇게됐나 아 니 벌 써 해

가 중 천 인 데 아 니 벌 써 출근준비해야하고 피 티 준 비 도

못 했 는 데 어제밤 마 신 술 깨 지 도 않 고 목 도 쉬 고 다 리 도

후 덜 덜 거 려 큰 일 이 네 큰 일 오 늘 까 지 내 년 브 랜 드 컨

셉 제 출 해 야 하 고 큰 일 이 네 큰 일 오 늘 까 지 과 장 에 게 보 고 마

쳐 야 하 느 ㄴ 데 큰 일 이 네 큰 일 아 무 것 도 준 비 한 게 없 는

데 큰 일 이 네 큰 일 어 떻 게 하 루 만 더 연 장 할 수 있 을

까

5 나가야 하지

JS.IM

♩=65

Am G F G

나가야 지 앞으로 나가야 지 누구든 짓누 르고앞으로나가야

지 멈추는사람 제자 리있는사람 그대로있다간뒤쳐지

지 이 세상은 경쟁과 씨름의장소 우리모두씨름의전

사 이 겨야만 앞으로 나가는전장 누구도도와주지않

아 그냥 앞으로 나갈뿐이 야 나는 이기고 앞에설거

야 그냥 앞으로 앞만볼뿐이 야 나는설거야 반드

시 앞 에 설 거 야

〈내일〉 악보 **87**

06 내년의경향

17
저들은 무엇 을원하는가 나는

우리는멋쟁이패셔 니스타

21
창조자유행을찾 아내는 나는디자 이너새로움창 조하죠 나는

25
창조자 유행을찾 아내는 나는디자 이너 새로움창 조하죠

29
이남자 저여자 모두둘러 보고

우리는멋쟁이 경향을알려주는 역할

33

저들은 무엇 을 원 하 는 가　나 는

우 리 는 멋 쟁 이 패 셔 니 스 타

37

창 조 자 유 행 을 찾 아 내 는　나 는 디 자　이 너 새 로 움 창　조 하 죠　나 는

41

창 조 자 유 행 을 찾 아 내 는　나 는 디 자　이 너 새 로 움 창　조 하 죠

07 내년의 트랜드

♩=90

JS.IM

내년 트랜드 내년 트랜드 내년 의 트랜 드 아 마 도

대 략 적 으 로 복 고 풍 이 지 배 적 일 것

내 년 트 랜 드 내 년 트 랜 드 간 단 하 게 말 하 면 칠

십 년 대 경 향 의 반 복 그 리 고

말 하 자 면 색 깔 도 과 거 의 반 복 아 마 도

불 명 확 한 현 실 의 반 영 그 렇

다 고 말 하 자 면 흐 린 건 아 닌 말 하

자 면 간 단 한 내 년 의 트 랜 드

08 Re. 입에 발린 보고는 싫어

JS.IM

♩ = 120

부장 님마음에들 려는 것 처럼 내맘 에들고싶어 해

공부해 연구해 독창적이려애써 공부해 연구해 독창적이려애

써 그렇게입 발린얘기하 지 마 왜 내가 원하는보고를

해 지금은 이십일세기 그 렇게입에발린보고 의시대는갔 어

지금은경쟁에 서 살아남아야 해 스스로살 길을찾아야 만

해 상사입맛 에나맞추려 는 것 그건지나 간시대의유

산 살아남는 것이중요 해 살벌한경 쟁의시대 에

서 무엇을어 떻게제시할것인 가 어떻게이 익을창출할것인

가 이게 보고의내용 이야

08 입에 발린 보고는 싫어

JS.IM

무슨 얘기를 하는 거야 왜 내 맘 에 들고 싶어 해

공부해 연구해 독창적이려 애써 공부해 연구해 독창적이려 애

써 그렇게 입 발린 얘기하지 마 왜 내가 원하는 보고 를

해 지금은 이십일 세기 그 렇게 입에 발린 보고 의 시대 는 갔 어

지금은 경쟁에 서 살아남아야 해 스스로 살 길을 찾아야 만

해 상사 입맛 에 나 맞추려 는 것 그건 지나 간 시대의 유

산 살아남는 것 이 중요 해 살벌한 경 쟁의 시대 에

서 무엇을 어 떻게 제시할 것인 가 어떻게 이 익을 창출할 것인

가 이게 보고 의 내용 이 야

09무슨일이

누 구든바라지 모 두가원하지 승진을 잘

해

나가는인생을누 구든바라지 모 두가원하지 출세를 잘

나 가 는 인 생 을 어 떻 게 해 야 할 까 내

가능력 이 없 는 걸 까 무 엇을해야할까

걱정하고근심

3

두 가 원 하 지   출 세 를   잘 나 가 는인 생 을   나 가 는 거 야 저

멀 리 로   나 가 는 거   야   승 진 을 위 해   나 가 는   거 야 저

멀 리 로   나 가 는 거   야   출 세 를 위 해   내 인 생 행 복 한 내

인 생 을 위 해   내 인 생 행 복 한   인 생 을   위 해

10 나는 김봉남

JS.IM

나 는 김 봉 남   내 가 김 봉 남

내 가 존 경 하 던   앙 드 레 김 선 생 님

이 름 따 라   개 명 했 던   이 름

대 학 때   처 음 나 갔 던   의 상 콩 쿠 르

입 상 이 란   상 을   내 게   주 었 죠

지 금 도   기 억 해   좋 았 던   그 기 분

정 말   나 의   꿈 이 었 어   내 희 망 디 자

인 새로운세 상 창조하듯 나는 디 자 인 을 해

새 로 운택 스 타 일 새 로 운디 자

인 새 로 운개 념 나 는 나 는 디 자 인 을

해

그 러 던 어 느날 내 아 이 디 어

가 사 라 졌 어 어 떻 게

하 나 의 패 턴 보 면 열 개 디 자 인 떠

오 르 던 내 머 리 였 는 데 내 감 각 이 였 는 데

난 할 수 있어   난 잘할 수 있

어   김 봉 남   나 는 최 고 야

11 Re. 나라고

JS.IM

사 장　　　　　이 제 는 과 장 그 다 음 차 장　그 위 에 부 장　　　더 높 은 이 사　그 리 고

사　　　　　장

11 나라고

JS.IM

나 라 고 언 제 나　떨 어 지 고 있 을 까　언 제 나 대 리 로 살

수 있 을 까　그 럴 수 없 어　그 럴 수 없 어　나 도 이 제 승 진 을 해

야 지　이 제 는 과 장 그 다 음 차 장　그 위 에 부 장　더 높 은 이 사 그 리 고

사 장　이 제 는 과 장 그 다 음 차 장　그 위 에 부 장　더 높 은 이 사 그 리 고

사 장　기 분 좋 아 마 음 에 들 어　출 세 길 이 열 리 는 구

나　이 번 이 기 회　기 회 를 잡 자　절 대 놓 칠 수 없

어　기 분 좋 아 마 음 에 들 어　출 세 길 이 열 리 는 구

나　이 제 는 과 장 그 다 음 차 장　그 위 에 부 장　더 높 은 이 사 그 리 고

33
사 장　　　이 제 는 과 장 그 다 음 차 장　그 위 에 부 장　　　더 높 은 이 사　그 리 고

37
사　　장

41
기 분 좋 아　마 음 에　들 어　　　　출 세 길 이 열 리 는 구

45
나　　　이 번 이 기 회　　기 회 를 잡 자　　절 대 놓 칠 수 없

49
어　　　기 분 좋 아　마 음 에　들 어　　　출 세 길 이 열 리 는 구

53
나　　　이 제 는 과 장 그 다 음 차 장　그 위 에 부 잘　　　더 높 은 이 사　그 리 고

57
사 장　　　이 제 는 과 장 그 다 음 차 장　그 위 에 부 장　　　더 높 은 이 사　그 리 고

61
사 장　　　이 제 는 과 장 그 다 음 차 장　그 위 에 부 장　　　더 높 은 이 사　그 리 고

사 장　　　　　이 제 는 과 장 그 다 음 차 장　그 위 에 부 장　　더 높 은 이 사　그 리 고

사　　　　장

12 나를 생각해

JS.IM

나를 생각해 선배가아닌 형처럼 이렇게

말했어 부장님이 내게이렇게말했어 부장님이 내게도기회가왔어

드 디 어 부장님이내뒤를 살펴줄거야

나 는 알 았 어

드디어해냈어 멋지게연구한 결과를 과장님이

곧 부장이야　　그리고이사 그리고 사장　나에게 도 드디어 출세

길　　이　　열　　렸　　다

13 잊어야 할 일

JS.IM

그 런거야 모 든것이 지나고나면 후회가 남

그런거야

는법 잊 으라고 과 장에대한 생각잊 으라고

잊으라고

그 래맞아 아 쉬움이 크기도 하지만

그 래 맞 아

아 닐거야 너 에대한개인적인불 만아냐

아 닐 거 야

2

14 우리는 샐러리 맨

JS.IM

이 반복된 일이지만 이 일이 행복을 주죠 살아
갈 이유를 주고 내 삶에 여유를 주죠 때로
는 림들기도 하지만 열심히 일해 최선을 다해 이것
이 나의 일 우리의 일 우리는 샐러리맨

15 우리가 최고다

JS.IM

우리 가 앞 선 다 　 우리 다 최 고
다 　 우리 가 앞 선 다 　 우리 가 최 고
다 　 사람 은 누구 나 　 기 회 를 잡아 야 해 　 능력 이 있 어 야
해 　 우리 는 사나 이 　 능력 의 사 나 이 　 사 나 이 로 써 할 일

자　　　앞으로 달려가 자　　　앞으로 달려나 가

자　　　인생은 도전 인생은가능성 앞으로 달려 나 가

자

16 그만

17 삶 이 란

JS.IM

사람들 은 말하지 삶 이 란 시 련의 반복이 라고

사람들 은 말하지 삶 이 란 고통과 아픔이 라 고 그

래 맞아 삶 이 란 시련과고통 반복이야 그 러 나 삶이란

시 련과 고통과 아픔만있을 까 우리는 싸운다

해 치 며 나 간 다 싸 워 서 이 겨 나 간 다

그 런 거 야 삶 이 란 싸 워 이 기 는 거 야

18 백수

♩ = 70

JS.IM

나는 할 일없는백수 아침에일어나 눈을뜬다

참 나 백수지 어디갈대가없지 다시 눈을감는다 또

잔 다 또다시 눈을뜬다 점심이나먹을까 아 무것도 안해서 배

가안고파 좀 만더자자 다시눈을감는다 한참을자고나서 다

시눈을뜬다 지금시간이 오후세시 무얼할까 할일이없네 티비

를튼다 무한도전 일박이일 텔레비전프로그램들 세시간째 할일없이 가만

히누워있다 저 녁시간이 가까워온 다 몸을일으키니 머리는

삐져나오고 얼굴은푸석푸석 눈은팅팅부었고 입주변에는 하

안 침 자 국 이 꼬 질 꼬 질 한 냄 새 는 이 불 자 리 에 서 　 나 는 백 수 나 는

백 수 　 할 일 이 없 는 나 는 백 수 　 하 루 이 틀 　 일 주

일 한 달 일 년 나 는 백 수 　 나 는 백 수 　 　 벡

수

19 선배

JS.IM

♩=70

선배 나 지금도 기억해요 그 때의 선배를 기

억해요 실습실에 가면 언제나 있던 선배 무엇이든 물어보면 함께

해결해 주었죠 디자인을 하면 맘이 편안해 지고 세상을 다 가진것 같

다던 선배가 애기 했죠 하고 싶은 일 하 면서

살 수 있다 는건 가장 큰 행복이라 고 그런 선배를 보며 나도

디자이 너의 꿈을 키웠어요 그리고 회사에 왔 죠 정

말 선배는 우상이었죠 선배를 바라봤죠

많은 후 배가 선배를 기억 해요 많은 후배가 선배를 바라보죠

누군가 나를 바라 보고있 다면 책임을 느껴 야하죠

많은후배가선 배를 아직 바라보고 있죠 많은후배 들이

선배를기 억하죠 많은 후배가 선배를 아직 바라보고 있죠

선배 예 전그모 습 선배 돌아와 줘 요

20 내 인생은 내가

JS.IM

♩=70

지 난 몇 달의 내 인생 을 되 돌아 본 다

나 는 무엇을 하 고 있었나 내 가 좋아 한 일 무엇

이 었 나 그 래 대 학 시절 하 루 도 빼 지 않고 실 습 실 에 서 디 자 인 했

지 그 것 이 내 행복 이 었 으 니 까 그 게 행복 했 으

니 까 디 자 인 하 면 세 상 을 다 가 진 듯 했 고 언 제 나 행 복 했 었

어 디 자 인 을 하 면 서 행 복 하 게 살 자 내 인 생 을 설 계 했 었

지

나 는 디 자 인 하 며 행 복 했 었 지 내 디 자 인 은 사 람 들 을

이 야　　내가좋아서　　하는일이야　열심히하면서행복한일이

고　　나를웃음짓게하고　　나를행복하게만드는　내일이야　내일　내

일

창작 뮤지컬

리어왕
KING LEAR

William Shakespeare 원작
김균형 각색
김병철 외 작곡

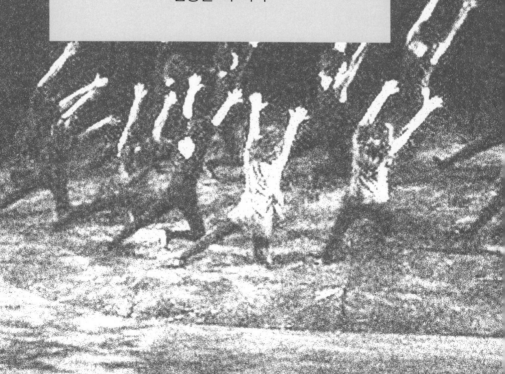

등장인물

왕

첫째 딸

둘째 딸

셋째 딸

해설 : 원작에서 리어왕의 신하 켄트이며 이 각색 대본에서는 해설의 역할

코러스

무대

무대는 크게 1막 왕의 생일잔치, 2막 첫째 딸의 궁, 3막 둘째 딸의 궁, 4막 사막, 5막 축제장으로 구성된다. 이처럼 주 무대는 궁에서 벌어지므로 대형 성벽을 기본 무대로 이용하고 장막을 이용하여 무대 변화를 주는 것도 괜찮은 생각일 것 같다.

제1막 – 왕의 궁

암전에서 음악 흐르고 노래 시작된다. 코러스 노래 부르며 등장. 손에는 무대를 만들기 위한 공구나 혹은 축제를 벌이기 위한 소품들을 들고 있다.

노래1 과거의 의미 : 코러스 & 해설

코러스)

과거의 의미는 오늘을 밝혀주는 것
과거의 의미는 실수가 반복되지 않도록
사람들에게 진실의 중요성을 일깨우는 것
사람들아 잊지 마라 과거의 가치를
과거는 우리들 현재를 밝혀주고 미래를 알려 주네
사람들아 기억하라 과거를 올바로 알아야 한다
과거 속 숨어 있는 변하지 않는 그 진실
알아야 한다 진실을 알아야 한다

노래 1절 끝나고 코러스는 무대를 만들기 시작. 무대는 왕의 생일 축하연이 벌어질 장소. 코러스가 무대를 만드는 사이 해설 앞으로 나서며.

해설   여기 자존심에 관한 이야기가 있습니다. 여기 배신과 배반에 관한 이야기가 있습니다. 여기 진실에 관한 이야기가 있습니다. 여기 살아서 딸들에게 왕위를 물려주었지만 그 딸들에게 버림받는 한 바보 같은 왕의 이야기가 있습니다. 여기 아버지로부터 물려받은 권력을 이용하여 그 아버지를 내쫓고 형제 사이에 칼까지 꽂는 악마 같은 딸들이 있습니다. 여기 그들을 돕지도 못하고 지켜보아야만 했던, 그리고 오늘 이 자리에서 그 일을 얘기해야 하는, 한 바보 같은 신하, 저의 이야기가 있습니다.

해설)

한 왕이 있다. 그리고 그의 세 딸
사랑하는 딸들 그리고 사랑하는 아버지 왕
누가 말할 것인가 가족에겐 사랑이 필요하다고
누가 말할 것인가 가족은 서로를 사랑해야 한다고
과거의 얘기는 과거의 것 지나간 것은 지나간 것
그러나 과거는 현재를 밝혀 주네 미래를 알려 주네
잊지 마라 과거를 절대 잊어서는 안 된다.
과거의 진실을 잊지 말아야 한다

노래가 진행되는 도중 무대는 모두 완성되며, 노래가 끝난 후 코러스들은 춤추고 노래하고 장기자랑 마술 등등을 벌이며 축제를 지속한다. 왕의 생일을 축하하는 축제. 잠시 후 팡파르가 울리고 왕과 세 딸, 프랑스 왕 등이 등장한다. 해설은 거기에 합류한다.

노래2 **경배하라 : 올 캐스트**
경배하라 축하하라 우리의 왕의 생일을
평화롭게 살아가는 모든 백성들 경배해

오늘은 즐거운 날 오늘은 축하의 날

우리를 이끄는 왕의 생일

우리가 함께 왕의 생일을 축하해

왕이시여 우리의 왕이시여

영원토록 이 땅을 평안케 하시며 만수무강 하십시오

축하합니다. 축하합니다. 당신의 생일을 모두 함께 축하합니다

축하합니다. 축하합니다. 당신의 생일을 축하합니다

반복)

축하합니다. 축하합니다. 당신의 생일을 모두 함께 축하합니다

축하합니다. 축하합니다. 당신의 생일을 축하합니다

노래 끝나고 모두 경의를 표한다.

노래3 이 나라를 다스리는 : 왕

이 나라를 다스리는 왕 바로 나이다

나로 인해 우리에겐 평화가 있었다

지금까지 누려왔던 모든 안락과 행복

그것 모두 나로 인해 만들어졌노라

모두가 나를 왕이라 칭송했네

왕이시여 우리의 왕이시여

모두에게 최고의 왕이라 불렸고 지배자였노라

나는 왕이다 나는 왕이다

나는 이 나라의 소유자 나는 왕이다

나는 왕이다 나는 왕이다

나는 이 나라의 소유자 나는 왕이다

왕　오늘 같이 즐거운 날. 나는 내 마음 속에 품고 있는 은밀한 계획을 말하겠다. 그것은 내가 오랫동안 심사숙고한 내용이다. 나는 이제 늙은 내 몸에서 모든 근심과 번거로운 국사를 다 떨쳐버리고 내 영토의 소유권과 통치권을 내 딸들에게 물려주려고 한다.

> **노래 4** **시간이란 쏜살같이 : 왕**
> 시간이란 쏜살같이 흘러지나 가는 것
> 나도 나이 들어 물러나겠노라
> 보다 많은 큰 기쁨과 행복을 줄 사람
> 너희에게 평화로운 나날을 이끌 사람
> 나보다 더욱 젊고 현명한 내 딸들의 지배 받으며
> 보다 많은 행복과 평활 얻길
> 나는 이제 듣겠노라 너희들의 효심을
> 이제 내게 말하거라 내게 향한 충성을
> 보다 크고 보다 영원한 사랑 말한 딸에게
> 보다 넓은 땅과 권력을 주겠노라

첫째 딸　아버지 왕이시여! 어찌 감히 아버지에 대한 사랑을 말로써만 표현할 수 있겠습니까? 그러나 감히 말씀 드리자면 다음과 같습니다.

사랑하는 아버지 왕이시여 나의 아버지 왕이시여

사랑하는 아버지 왕 아버지를 사랑합니다

사랑하는 아버지 왕이시여 나의 아버지 왕이시여

사랑하는 아버지 왕 아버지를 사랑합니다

내 눈보다도 더욱 자유보다도 더욱

아버지 당신 앞에 목숨까지 다 바칠 수 있다네

오로지 소중하신 폐하의 보살핌만이 가치 있는 것

나의 모든 감각은 아버지만을 향합니다

세상 어느 것보다 오로지 아버지만을

당신은 저에게 무엇보다 소중한 분

사랑하는 아버지 저의 생명을 모두 당신께

돌려드리겠습니다

효성 아닌 다른 모든 것 원수라네

반복)

세상 무엇보다 더 그 무엇보다 더욱

아버지 당신께서 받으실 수 있는 모든 것들 다

여태껏 받지 못한 최고의 사랑과 효도 최고의 경애

나의 모든 감각은 아버지만을 향합니다

세상 어떤 행복도 당신과 함께 있어야

당신과 같이 나누어야 의미 있는 것

사랑하는 아버지 아버지만을 오직 당신만을

영원히 사랑합니다

효성 아닌 다른 모든 것 원수라네

왕 나에게 사랑을 고백한 첫째와 둘째 딸 각각에게 이 나라의 서쪽과
남쪽에 있는 넓은 땅과 그 안에 포함된 모든 것을 줄 것이다. 너희들
대대로 그곳을 통치하며 번성하길 바란다. 자, 이제 나에게 가장 큰 행
복과 기쁨을 주는 셋째 딸. 너는 무어라고 말할 것이냐?

노래 6 사랑하는 나의 아버지 : 셋째 딸

셋째 딸 드디어 내 차례로구나. 나는 뭐라고 말을 하지? 나는 아버지
를 사랑해. 그 누구보다도. 그러나 그걸 말로 표현하라면,

> 사랑하는 나의 아버지 아버지를 사랑합니다.
> 제가 가진 저의 모든 것 그것은 모두 당신께서 주신 것
> 나의 아버지 왕이시여 아버지를 사랑합니다

셋째 딸 아버지에 대한 내 사랑이 절대로 빈약하지는 않아. 그러나 그
것을 언니들처럼 아첨하고 아부하며 말로 표현하는 것은 내 자존심이
허락하지 않아.

> 그러나 더 이상은 이제 드릴 말씀이 없습니다.

왕 뭐라고? 지금 내가 들은 말이 무엇이냐?

셋째 딸 저는 아버지를 사랑합니다. 그러나 저의 마음을 입까지 들어올릴 수 없습니다.

왕 입까지 들어 올릴 수 없다고? 모든 것을 말할 수 있는 그 혀로 도대체 왜 이 아버지를 얼마나 사랑하는지 말할 수 없다는 것이냐? 지금은 그것을 입까지 들어 올려 나에게 보여야만 할 때다. 할 말이 없다면, 받을 것도 없을 테니까.

셋째 딸 그것은 단지 포장일 뿐입니다. 불행하게도 저는 진심을 입 밖에 낼 줄 모릅니다. 자식의 도리, 사랑, 효성 이런 것을 어떻게 말로 표현할 수 있겠습니까? 그런 덕목들은 그냥 살아가면서 서로 느끼고 깨닫는 것이라 생각합니다. 저는 저의 효심을 말로 표현할 수는 없습니다.

    `노래7` **아니야 : 왕 & 코러스**
    아니야 이게 아니야 너는 내가 가장 아끼고
    소중하게 여기는 나의 딸이다
    네가 아무 할 말이 없다는 것을 나는
    이해할 수 없다 이해할 수 없다
    네가 나에게 그렇게 말해서는 안 된다
    너는 나의 딸이다 너는 나의 딸이다
    코러스)
    네가 아무 할 말이 없다는 것을 나는
    이해할 수 없다 이해할 수 없다
    네가 나에게 그렇게 말할 수는 없다
    다시 한 번 생각하고 말해 보아라

`노래8` **아버지는 저를 : 셋째 딸**

아버지는 저를 낳아주셨고 길러 주셨습니다

저는 아버지를 사랑합니다

그러나 그것을 언니들처럼 입에 발린 말로 표현하기는 싫습니다

부모를 향한 자식의 사랑 무엇을 더 바라십니까

왜 그것을 말로 표현하길 원하십니까

아버지를 사랑하는 것이 진실인데

그 이상 무엇이 필요하겠습니까

나는 나의 부모 사랑을 아버지께 전달하는 것으로

입에 발린 말 않겠습니다

왕   말을 않겠다면 받을 것도 없다! 다시 한 번 생각하고 말해 보거라!

셋째 딸   저는 아버지를 부모로써 사랑합니다. 그러나 입에 발린 말로 저의 마음을 표현하는 것은 저의 자존심이 허락하지 않습니다.

왕   괘씸한 것! 어떻게 감히 네 아버지 앞에서 자존심 따위의 말을 할 수 있단 말이냐!

`노래9` **왜 너는 자존심을 : 코러스**

왜 너는 자존심을 내세워

너의 진심을 약간 포장하는 것을 거부하는가

왜 너는 너의 진심이

모든 사람들에게 그대로 전달될 수 있다고 믿는가

진실도 때로는 포장이 필요한데

진실도 정확하게 전달될 때 의미를 가지는데

왕   너에게 자존심이 그렇게 중요하므로 너는 그 자존심을 너의 결혼 지참금으로 삼아라. 나는 너에게 아무 것도 주지 않을 것이며, 나아가 이제 너를 추방할 것이다. 당장 나의 궁에서 떠나고 두 번 다시 너의 얼굴을 내 눈 앞에 보이지 마라. 이제부터 너와 나는 부모와 자식의 관계를 끊노라.

노래10 눈을 뜨십시오 : 코러스 & 해설
눈을 뜨십시오 귀를 여십시오 가슴을 열고 평가하십시오.
언제나 몸에 좋은 약은 입에 쓰고 마음에 좋은 말은 듣기 싫은 것
관용을 가지시고 무엇이 진실이고 무엇이 거짓인지 평가하십시오
그것이 잘못을 사전에 방지할 수 있는 유일한 길

왕   시끄럽다. 화살이 이미 시위를 떠났으니 더 이상 아무 말도 하지 말아라.

앞을 보십시오 당신 보십시오 왕의 모습 바라보십시오
밖에 보인 모습 그것이 언제나 진실된 모습이라 할 수 없는 것
왕의 급한 성격 그것을 누르시고 셋째 딸 속마음을 이해하십시오
그것이 잘못을 사전에 방지할 수 있는 유일한 길

왕 네가 진정 나로 하여금 한 번 내린 명령에 대하여 잘못을 인정하라는 치욕을 덮어씌울 참이냐?

해설 폐하!

왕 시끄럽다. 더 이상 내 앞에서 아무 말도 하지 말아라.

해설 그러나 잘못된 것은 잘못된 것입니다. 현명하게 판단하지 않으시면 미래에 더 큰 불행이 닥칠 것이니 지금 왕께서 화를 누르시고 일단 판단을 유보해 주십시오.

왕 괘씸한 것! 너에게 5일의 여유를 줄 것이다. 그 이후에 이 땅에서 너의 얼굴이 다시 보인다면 너는 결코 살아남을 수 없을 것이다. 당장 내 앞에서 사라져라. (해설 퇴장하고, 프랑스 왕에게) 그대 프랑스 왕이여! 내 재산 모두를 나를 사랑한다고 말한 두 딸에게 양도할 것이오. 당신이 결혼하려던 막내딸, 저 괘씸한 것에게는 단 한 푼의 재산도 물려주지 않을 것이오. 그러므로 당신이 저 딸과 하겠다던 결혼은 파기해도 좋소. 저 딸에게는 아무런 지참금이 없을 테니까! 막내딸! 너는 내 땅 아니, 네 언니들의 땅에 두 번 다시 발도 내딛지 말지어다.

왕과 세 딸 퇴장.

노래11 무엇이 필요한가 : 코러스
무엇이 필요한가 남의 눈치를 살피고
/ 아첨하는 혓바닥을 가져야만 하나?
그런 것 없어 미움을 받을지라도
/ 그런 것이 없는 편이 더 인간적일까?

아름다운 공주. 당신은 버림받았어도

/ 그러나 부유하고 소중하며

멸시를 받았어도 가장 사랑받는 분

/ 그러나 그러나 …… 아량과 타협이

공주여 공주여 아량과 타협이

/ 공주여 공주여 아량과 타협이

코러스 셋째 딸을 궁으로부터 멀리에 몰아낸다. 노래 끝나면 프랑스 왕과 셋째 딸을 제외하고 모두 퇴장. 프랑스 왕 셋째 딸에게로 다가가서

노래12 당신을 잘 알고 있어 : 프랑스 왕 & 셋째 딸

프랑스 왕)

당신을 잘 알고 있어 오래전부터 지켜보고 있어

당신의 마음을 이해하고 있어 아주 조금만 당신 자존심을 꺾을 수 있다면 모두는 행복할 텐데

셋째 딸)

고마우신 분 사랑이 많으신 분 그러면 저를 용서할 수 없을 겁니다

남은 것이라곤 아버지의 저주뿐입니다

우리의 약속 저버려도 원망 않겠습니다

프랑스 왕 & 셋째 딸)

아름다운 공주 / 너그러운 왕이시여

가난하므로 풍성하고 / 아무 것도 남아있지 않습니다

버림받아 더 소중하며 / 버림을 받았습니다

경멸당해 더 사랑스러워 / 세상천지 모두에게서

진실은 존재합니다 그대(아버질) 사랑하는 진실

사랑은 존재합니다 우리가 함께 있음으로

가족을 잃은 슬픔 아버지에게 쫓겨난 슬픔

함께 있음으로 위로 받을 수 있어

반복)

아름다운 공주 / 너그러운 왕이시여

우리는 함께 할 것이오 / 아무 것도 남아있지 않습니다

내가 당신 책임지겠소 / 버림을 받았습니다

내 나라로 함께 떠납시다 / 세상천지 모두에게서

진실은 존재합니다 그대(아버질) 사랑하는 진실

사랑은 존재합니다 우리가 함께 있음으로

가족을 잃은 슬픔 아버지에게 쫓겨난 슬픔

함께 있음으로 위로 받을 수 있어

암전.

제2막 – 첫째 딸의 궁

1막과 마찬가지로 암전에서 음악 흐르고 코러스 노래 부르며 등장. 무대를 첫째 딸의 궁으로 바꾼다.

노래13 이제 시작이다 : 해설 & 코러스

코러스)

이제 시작이다 사람의 속을 누가 알겠는가
그 속에 무엇이 들었는지 누가 누가 알겠는가
저 왕의 저 급한 성격 그 성격을 누가 알아주고
누가 거기에 장단을 맞추어 줄 것인가

무대 바꾸는 일이 끝나면 코러스 퇴장. 의상을 갈아입은 해설 앞으로 나서며

해설 이렇게 변장하고 나서면 왕께서 아실 수 없겠지. 이제 왕 곁에는 아무도 남지 않았어. 모두가 권력을 가진 자에게 아첨하지 권력을 물려주고 떠나는 사람에게 무슨 볼일이 있겠는가? 왕은 왜 그런 진리를 이해하지 못하는가? 왕께서도 판단을 잘못하셨지. 여기에서 일이 잘못되면 그건 모두 왕의 책임이다.

해설)

딸들을 보았는가 이제 왕은 어디로 갈 것인가
두 딸 중 과연 누가 왕을 모실 것인가

저 왕의 저 급한 성격 그 성격을 누가 알아주고
누가 거기에 장단을 맞추어 줄 것인가

코러스 모두 화가 나서 등장. 이들은 첫째 딸의 기사들이다. 이들은 모두 선
왕과 그 신하들에게 불만을 가지고 있다.

코러스 여왕이시여. 선왕의 시종들이 점점 더 난폭해지고 있습니다.
선왕께서도 하찮은 일로 우리를 나무라십니다. 우리는 더 이상 그들
의 횡포를 지켜볼 수 없습니다. 우리는 누구의 신하입니까? 누가 우리
에게 명령합니까? 우리를 인도해 주십시오.

노래14 **여왕이시여 : 코러스 & 첫째 딸**
코러스)
여왕이시여 우리의 여왕이시여 당신은 이 나라를 지배하는 왕
모든 것을 해결할 수 있는 힘의 소유자
우리를 지켜 주시고 우리의 명예를 지켜 주십시오
여왕이시여 우리의 여왕이시여 단 한 분의 왕만이 필요합니다
세상 모둘 이끌어 갈 오직 단 한 분의 왕
우리는 그를 따르고 우리의 목숨을 바칠 것입니다

첫째 딸 등장

첫째 딸)

지배하노라 이 나라를 지배하노라 나의 명예와 힘을 모두 가지고

나의 아버지가 나에게 주신 이 권력

나는 그 권력으로 이 나라를 모두 다 지배하노라

코러스 / 첫째 딸)

여왕이시여 우리의 여왕이시여 / 나를 믿어라

이 나라는 당신만의 것입니다 / 충성스런 신하

새 왕은 새롭게 통치해야 합니다 / 지켜 주리라

지난 왕의 업적도 흔적도 모두 지우십시오

/ 지켜주리라 이 나라를 지배하는 왕 그게 바로 나다

첫째 딸)

지배하노라 이 나라를 지배하노라 나의 명예와 힘을 모두 가지고

나의 아버지가 나에게 주신 이 권력

나는 그 권력으로 이 나라를 모두 다 지배하노라

코러스)

여왕이시여 우리의 여왕이시여 당신은 이 나라를 지배하는 왕

모든 것을 해결할 수 있는 힘의 소유자

우리를 지켜 주시고 우리의 명예를 지켜 주십시오

첫째 딸 퇴장하면 코러스 득의만한 웃음으로 한바탕 신나게.

노래15 이제 시작이다 : 코러스

이제 시작이다 우리 세상이다 내 세상이야

내가 모든 것을 지배한다 지난 왕은 더 이상 의미 없고

우리의 여왕이 세상을 지배한다

저 늙은 이빨 빠진 호랑이는 이제 아무 것도 없는 빈털터리

바보 같은 왕 바보 같은 왕 우리가 왕을 기다린다

우리가 왕을 기다린다

간주 동안 코러스들의 신나는 춤판.

저 늙은 이빨 빠진 호랑이는 이제 아무 것도 없는 빈털터리

바보 같은 왕 바보 같은 왕 우리가 왕을 기다린다

우리가 왕을 기다린다

코러스들의 신나는 춤판. 끝나면 왕 등장. 그러나 그의 등장을 보고 아무도

예를 갖추지도 반응하지도 않는다. 화가 나는 왕.

노래 16 **불러라 : 왕**

불러라 나의 권력 물려받은 큰 딸 여왕을 불러라

큰 딸의 시종들도 모두 불러라

문책할 것이다 그들을 모두 큰 딸의 시종들 모두

그들을 모두 이곳으로 당장 불러라

분명하게 할 것이다 나와 내 시종을 공경해야 한다는 것을

이곳은 나의 땅이고 나의 국가라는 것을

바로 내가 왕이라는 것을

바로 내가 왕이라는 것을

코러스 아무도 움직이지 않는다. 왕이 가까이 다가가도 못 본 체. 왕 화를 내며.

왕 이놈들. 어서 내 딸을 불러라. 어서 내 딸을 부르래도. 내 말이 들리지 않느냐?

그러나 코러스 들은 척도 않는다. 이때 팡파르 울리며 첫째 딸 등장. 코러스는 예를 갖춘다.

첫째 딸 아버님을 뵈오니 기쁘옵니다.
왕 어찌된 일이냐? 얼굴을 그렇게 찌푸리고 있으니. 게다가 요즘엔 계속 이맛살을 찌푸리고 있구나.

노래17 사랑하는 아버지 왕이시여 : 첫째 딸 & 왕

첫째 딸)
사랑하는 아버지 왕이시여 나의 아버지 왕이시여
제 애길 듣고 현명하게 판단해 주시기를
사랑하는 아버지 왕이시여 나의 아버지 왕이시여
당신이 거느리는 시종들을 모두 거두어 주십시오
그들이 나의 시종들과 싸웁니다 그들을 부추기고 감싸는 당신은 비난 받을 것입니다
눈감고 가만히 있을 수는 없습니다
이 나라를 위해서 당신의 시종들을 줄이겠습니다

왕 무슨 소리냐? 내 딸아 너는 지금 무슨 소리를 하는 거냐? 네가 감히 나와 대적하려 하느냐? 네가 감히 나의 시종들에게 매질을 하였느냐? 네가 나의 딸이 맞더냐? 내게서 물려받은 땅을 통치하면서 너는 지금 나를 넘어서려 하는 것이냐?

> **첫째 딸)**
>
> 사랑하는 아버지 왕이시여 나의 아버지 왕이시여
> 저는 진실 진실만을 말했을 뿐입니다
> 사랑하는 아버지 왕이시여 나의 아버지 왕이시여
> 당신을 믿고 날뛰는 시종들이 문제입니다
> 이곳은 나의 궁입니다. 술집이나 사창가가 아닙니다
> 당신의 시종들의 주색 밝힘을 용서할 수 없습니다
> 당신의 망령기도 문제입니다 고칠 것입니다 당장 고칠 것입니다
> 내가 지배합니다 내가 왕입니다

왕 네가 내 딸이 맞더냐?

첫째 딸 아버님. 아무 짓이나 닥치는 대로 해대는 아버님의 수행기사들이 틈만 나면 구실을 만들어 싸우기 일쑤라 견딜 수 없습니다. 저는 이 일을 그냥 모른 척 지나칠 수 없습니다.

왕 네가 지금 나를 배반하려는 것이냐?

첫째 딸 아버님. 이것은 배반이 아니라 질서에 관한 문제입니다.

왕 아니다. 넌 분명 나의 딸이 아니다. 나에게 충성을 맹세하고 사랑을 맹세한 내 딸일 리가 없다.

노래 18 **지금 와서 : 왕**

지금 와서 늦게 후회한들 소용없지

너 같은 불효한 자식 때문에 이 꼴이 되어

내 눈에서 걷잡을 수 없이 뜨거운 후회의 눈물이 쏟아지다니

너 같은 년은 이 세상에 살 가치가 없다!

이 아버지의 저주가 네 몸 구석구석에 파고들어

영영 고칠 수 없는 상처가 되거라

나의 이 노망한 눈아 이런 일 때문에 또다시 피눈물을 쏟는다면

내 눈동자를 후벼내어 헛되이 흘리는 눈물과 함께

땅에 던져 버릴 것이다

왕 말에 안장을 달라. 내 더 이상 네 신세를 지지 않을 것이다. 두 번
다시 너를 보지 않을 것이다.

너 같은 년은 이 세상에 살 가치가 없다!

이 아버지의 저주가 네 몸 구석구석에 파고들어

영영 고칠 수 없는 상처가 되거라

나의 이 노망한 눈아 이런 일 때문에 또다시 피눈물을 쏟는다면

내 눈동자를 후벼내어 헛되이 흘리는 눈물과 함께

땅에 던져 버릴 것이다

왕 나에게는 딸이 또 하나 있다.

왕 **퇴장하며** 암전.

제3막 – 둘째 딸의 궁

암전에서 코러스 노래하며 등장. 노래 끝나면 무대를 둘째 딸의 궁으로 바꾸고 퇴장한다.

노래 19 잊었는가 : 코러스 & 해설

코러스)

잊었는가? 고대로부터 전해오는 이야기

모르는가? 세상의 진실 그것이 무언지

권력은 무엇인가? 권력의 진실은

모든 것을 파괴하는 권력

사람들이 하는 말 그것은 헛소리 아니야

오래 동안 반복된 세상의 사실이야

어떤 것이 진실인지 알지 못한다면 불행은 찾아오지

해설　왕께서 첫째 딸과 싸우시고 온갖 악담을 퍼 부으시고 둘째 딸에게로 가셨어. 그러나 첫째 딸과 둘째 딸은 너무도 똑같은 사과와 능금 같은데. 과연 둘째 딸이 왕을 잘 모실까?

해설)

모든 것은 왕의 잘못 권력을 넘겨 준

역사는 말을 하지 배신과 배반을

어디건 싹 틔우지 사람이 있는 곳

부모 형제 그 사이에서도

사람들이 하는 말 그것은 헛소리 아니야

오래 동안 반복된 세상의 진실이야

그것을 알지 못한다면 불행은 찾아오지

무대는 둘째 딸의 궁 앞. 왕 등장. 이리저리 둘러보지만 아무도 없다.

노래 **Re. 이 나라를 다스리는 : 왕**

이 나라를 다스리는 왕 바로 나이다

나로 인해 우리에겐 평화가 있었다

지금까지 누려왔던 모든 안락과 행복

그것 모두 나로 인해 만들어 졌노라

모두가 나를 왕이라 칭송했네 왕이시여 우리의 왕이시여

모두에게 최고의 왕이라 불렸고 지배자였노라

나는 왕이다 나는 왕이다 나는 이 나라의 소유자 나는 왕이다

나는 왕이다 나는 왕이다 나는 이 나라의 소유자 나는 왕이다

왕 왜 아무도 없는 것이냐? 이 왕궁은 나의 둘째 딸의 왕궁이다. 내가 내 손으로 물려준 나의 궁이다. 그런데 왜 나를 맞이하지 않는 것이냐? 왜 아무도 없는 것이냐? 네 언니와 마찬가지로 네 아버지를 거역하고 버리려는 것이냐? 국왕이 제 딸과 얘기를 나누고 싶다는 것이다. 아버지가 사랑하는 딸에게 딸 된 도리를 다하라고 하는 것이다. 왜 아무도 없는 것이냐? 어서 나의 딸을 나오라고 일러라. 어서 나를 영접하거라.

팡파르와 더불어 둘째 딸과 그녀를 호위하는 코러스 등장.

노래 20 기쁘옵니다 : 왕 & 둘째 딸

둘째 딸 아버님을 뵈오니 기쁘옵니다.

둘째 딸 / 왕)

기쁘옵니다 아버질 지금 뵈오니
/ 나는 너의 언니로부터 고통 받았다
그것은 아버지께서 오해하신 것
/ 아니다 그년은 거기서 나를 내쫓았다
오해 마십시오 언니의 착한 심성을
/ 아니다 그년은 내게 비수를 꽂았다
아닐 것입니다 아버지의 오해십니다
언니의 행동에는 이유가 있을 겁니다
나무랐다면 이유가 있을 겁니다
/ 그건 아니다
무작정 언니를 뭐라 할 순 없습니다
/ 저주 받아야 해
아닙니다 돌아가십시오 언니에게로
/ 절대 안 간다
용설 구하시고 그곳에 사십시오
/ 그년에겐 절대로 돌아가지 않겠다

반복)

나무랐다면 이유가 있을 겁니다

/ 그건 아니다

무작정 언니를 뭐라 할 순 없습니다

/ 저주 받아야 해

아닙니다 돌아가십시오 언니에게로

/ 절대 안 간다

용설 구하시고 그곳에 사십시오

/ 그년에겐 절대로 돌아가지 않겠다

왕   네 언니는 내게 너무 가혹했다. 그년은 독수리 같은 불효의 이빨을 드러내어 내 가슴을 물어뜯었다.

둘째 딸   아버님은 늙으셨습니다. 이제 젊은이에게 몸을 의탁하시고 그의 보호와 인도를 받으실 필요가 있습니다. 그러니 언니한테 돌아가셔서 미안하다고 사과하십시오.

왕   나보고 용서를 빌라고? 그래, 한 집안의 아버지가 '사랑하는 딸아, 내가 폭삭 늙었다는 것을 인정하마. 노인은 쓸모가 없구나. (무릎을 꿇고) 무릎을 꿇고 이렇게 부탁하니, 입을 옷가지와 먹을 음식과 덮을 이불을 좀 다오' 하고 애걸해야겠느냐?

둘째 딸   그만 하십시오, 그런 실없는 모습은 추해서 차마 못 보겠습니다.

노래 21 **사랑하는 나의 아버지 : 둘째 딸**

사랑하는 나의 아버지 왕이시여

언니가 효도를 소홀히 했다고는 생각지 않습니다

아버님의 시종들의 난폭함을 참지 못해 그렇게 했다면

언니로선 그렇게 할 이유가 있을 것이라 생각합니다

이제 아버님은 늙으셨습니다

언니에게로 돌아가셔서 잘못했다고 하시고

조용히 사시기 바랍니다

왕 안 간다. 나는 절대로 그년에게 돌아가지 않는다. 날쌘 번개여, 사람의 눈을 멀게 하는 너의 불꽃으로 경멸에 가득 찬 그년의 눈을 찔러라! 강렬한 햇살에 빨려들어 늪에서 모락모락 솟는 독기여, 그년의 미모를 시들게 하고 그년의 교만을 박살내어라.

팡파르 울리며 첫째 딸 등장.

노래 Re. 여왕이시여 : 코러스 & 첫째 딸 & 둘째 딸

코러스)

여왕이시여 우리의 여왕이시여 당신은 이 나라를 지배하는 왕

모든 것을 해결할 수 있는 힘의 소유자

우리를 지켜 주시고 우리의 명예를 지켜 주십시오

첫째 딸 & 둘째 딸)

지배하노라 이 나라를 지배하노라 나의 명예와 힘을 모두 가지고

나의 아버지가 나에게 주신 이 권력

나는 그 권력으로 이 나라를 모두 다 지배하노라

첫째 딸 아버님을 뵈오니 기쁘옵니다.

노래 22 **드디어 속이 : 해설**
드디어 속이 보여진다 모든 것이 깨끗하게
무엇이 진실이고 거짓인지 무엇이 거짓이고 진실인지
그러나 그 잘못은 바로 당신 당신 스스로에게 있는 것
그러나 그 잘못은 바로 당신 당신 스스로에게 있는 것
바로 자신의 잘못

왕 너희들이 왜 함께 있느냐?
첫째 딸 저희는 자매입니다. 저희가 함께 있지 못할 이유라도 있습니까?
둘째 딸 이제 언니에게로 돌아가 몸을 의탁하고 조용히 지내십시오.
왕 저년은 내 시종들을 반으로 줄였다. 눈살을 찌푸리며 나를 노려봤다. 나에게 마구 욕설까지 퍼부었다. 그년의 혓바닥은 마치 독사처럼 내 가슴을 휘감았다.
둘째 딸 그러나 저도 아버지를 환영할 수 없습니다. 아버지와 아버지의 기사들을 저의 궁에 받을 수 없습니다. 세상에 왕이 둘이 있다면 신하들은 누구의 말을 들으라는 것입니까? 이 궁에서는 제가 왕입니다. 그런데 아버지가 여기에 계시면서 왕 노릇을 하신다면 누가 저의 말을 듣겠습니까? 저의 궁에는 들어오실 수 없습니다.
왕 그것은 모두 내가 준 것이 아니냐?

둘째 딸 적절한 때에 잘 주셨습니다.

왕 아, 신이여.

노래 23 **숨이 멎는구나 : 왕 & 코러스**

왕)

아아 숨이 멎는구나 피가 차가워지는구나

코러스)

하인도 잃고 자식도 잃고 모든 것을 잃어버린 빈털터리

가진 것 없고 갈 곳도 없고 잡을 것도 없는 빈털터리

큰 딸에게서 쫓겨나고 이제 둘째 딸에게서마저

큰 딸에게서 쫓겨나고 이제 둘째 딸에게서마저

집에도 못 들어가고 쫓겨 난 신세

왕 오 하늘이여! 하늘이여! 너희들은 내 피가 썩어 엉겨서 생긴 종기요 부스럼이요 염증이다.

노래 24 **신들이여 : 왕**

신들이여 내게 인내를 주시옵소서 내게는 인내가 필요합니다

신들이여 나는 가엽고 불쌍한 늙은이입니다 슬픔은 가슴에 가득 차고 나이는 늙어서

이렇게 불쌍한 신셉니다 이 딸년들의 마음이 당신의 뜻일지라도

내가 그걸 참고 견딜 수 있을 만큼 나에게 힘을 주십시오

여자들이 무기로 쓰는 눈물방울로

이 사내의 볼을 더럽히지 않게 하소서

왕 나는 울지 않겠다. 나는 절대로 울지 않을 것이다. 이 심장이 천 갈래 만 갈래로 찢어지기 전에는 절대 울지 않을 것이다. 미칠 것만 같구나.

　　이 딸년들의 마음이 당신의 뜻일지라도
　　내가 그걸 참고 견딜 수 있을 만큼 나에게 힘을 주십시오
　　여자들이 무기로 쓰는 눈물방울로
　　이 사내의 볼을 더럽히지 않게 하소서

　　좌절하며 주저앉는 왕. 암전.

제4막 – 사막

음악 흐르고 조명 서서히 들어오면 황량한 사막. 사막의 모래 바람, 태풍, 물보라 등등. 잠시 후 왕 등장. 머리는 풀어 헤쳐져 있고 정신이 나가 미친 상태.

노래 25 눈앞의 이익 : 해설

눈앞의 이익에만 관심이 있어서 겉으로 따르는 놈은
폭풍우 속을 헤치고 달아나지만
달아날 놈을 제대로 분간하지 못하는 놈은
결국 바다 속으로 빠지고 만다네
누더기를 걸친 왕은 이빨 빠진 호랑이 모든 것은 이미 결정된 것
후회는 해도 늦은 것. 권력은 떠나고
더불어 모든 것이 함께 떠나버렸다
첫째 딸은 아버지를 버렸고 둘째 딸은 아버지를 거부하고
그리고 셋째 딸은 지금 어디에서 무엇을 하고 있나?
자신을 사랑하는 사람을 알아보지 못하고
급한 성격 때문에 제대로 선택하지 못한 자신의 잘못
원망하면 무엇 하나? 후회하면 무엇 하나
이제 모든 것이 끝이 났는데

해설 바람이 분다. 이 허황한 사막에 모래 바람이 분다. 폭풍우가 친다. 폭풍우와 싸우고 있는 저 사람은 누구인가? 이 대지를 바다 속으로 날려버리든가, 파도가 육지로 밀려와 천지를 뒤엎고 모든 것을 없

애버리라 호통치고 있는 저 사람은 누구인가? 백발을 움켜잡고 쥐어 뜯으며 성급한 폭풍에 미친 듯 사납게 돌아치는 저 사람은 누구인가? 새끼에게 젖을 빨려 허기진 곰도 굴속에 숨고, 사자도 배 속이 텅 빈 이리도 털에 비를 맞고 싶어 하지 않는 이 깊은 밤에 모자도 없이 밖으로 뛰쳐나가 될 대로 되라 아우성치는 저 사람은 누구인가?

이 사막 장면은 마치 왕과 코러스가 숨바꼭질이라도 하듯 진행되었으면 하는 바람이다. 왕은 술래가 되어 보이지 않는 코러스들을 찾으며 울부짖고 코러스들은 왕을 괴롭히고 놀리는 역할을 담당할 것이다.

노래 26 **바람아 불어라 : 왕**
바람아 불어라 내 뺨이 갈기갈기 찢어지도록
모질게 불어라 불어라 뒤끓어라
장대 같은 폭풍우여 폭포처럼 쏟아져라
천지를 모두 부수는 유황불이여
내 흰머리를 태우라 천지를 모두 부수는 천둥이여
두껍고 둥그런 이 땅을 때리고 짓이겨 납작하게 만들어라
대 자연이 인간을 창조하는 그 모태를 부수어 버려라

노래 **Re. 눈앞의 이익 : 코러스**
눈앞의 이익에만 관심이 있어서 겉으로 따르는 놈은
폭풍우 속을 헤치고 달아나지만
달아날 놈을 제대로 분간하지 못하는 놈은

결국 바다 속으로 빠지고 만다네

노래 27 **우리들 머리 위에서 : 왕**

우리들 머리 위에서 이 무서운 혼돈을 일으키는

위대한 신들로 하여금

이제는 진실을 밝히도록 하라. 두려움에 떨라

악독한 자들아 숨어라 살인자여 겁에 질려라 간악한 놈들아

무서운 심판자들에게 자비를 빌어라

이제 너희들을 심판하는 날이 올 것이다

나는 죄 지은 자가 아니다 사람들이 나에게 죄를 지은 것이다

아니다. 죄는 나에게 있다 눈을 감고 있던 나에게 죄가 있다

모든 것이 내 죄다

노래 28 **미치시오 : 해설**

미치시오 그렇게 미쳐버리시오

이제 아무도 당신 위하여 울어줄 사람이 없소

이제 아무도 당신에게 따뜻한 잠자리와

음식을 차려 줄 사람이 없소

당신은 혼자요 모든 것에서 떠나 혼자요

당신이 진실과 거짓을 구별하지 못한 죄를 이제 받게 되는 것이오

차라리 미치는 것이 당신을 더 편안하게 할 것이오 미치시오

영원히 미쳐 버리시오

노래 29 사납게 휘몰아치는 : 왕

1절)

사납게 휘몰아치는 폭풍우에 흥건히 적셔져도

나는 아무 것도 느낄 수가 없다

나의 모든 감각이 사라져 버렸기 때문에

그러나 내 마음 속엔 폭풍우가 기승을 부리고 있다

이보다 더 강한 폭풍우는 없을 것이다

그리고 내 가슴 가슴은 그 폭풍우에 폐허가 되어 고통만 남아 있다

2절)

모든 것 사라져 가고 나의 모든 권력도 떠나가고

내겐 그 아무 것도 남지 않았다

나의 급한 성격과 잘못된 판단 때문에

그러나 내 마음 속엔 폭풍우가 기승을 부리고 있다

이보다 더 강한 폭풍우는 없을 것이다

그리고 내 가슴 가슴은 그 폭풍우에 폐허가 되어 고통만 남아 있다

미쳐서 날 뛰던 왕. 결국 쓰러지고 만다. 음악 바뀌며 해설 다시 등장해 쓰러

진 왕을 껴안고 잘 뉘이며

노래 30 왕이시여 : 해설 & 셋째 딸

해설)

왕이시여 나의 왕이시여 나는 세상에서

가장 슬픈 이를 보았습니다

당신의 이야길 들으신 셋째 딸 성자의 샘물 같은 눈물을
슬픔으로 가득 차 가슴 밑바닥에서 터져 나오는 저 소리

셋째 딸 등장. 왕에게 다가가며

셋째 딸)
아버님
이것이 진실인가 언니들의 그 행동이 언니들의 사랑이 진실인가
아버지를 향한 나의 진실된 사랑아
부모를 배반하는 자를 부수어라
이 세상엔 자비심 없는가 왕이시여
나의 아버님 내가 당신을 찾아 가리라

셋째 딸 은혜로운 신들이시여. 불효자식 때문에 상하고 거칠어진 나의
아버님을 불쌍하게 여기시어 제정신을 되찾을 수 있도록 도와주소서.

노래 31 **저의 입술에 : 셋째 딸**
저의 입술에 아버님을 회복시키는 묘약이 있어
두 언니가 아버님의 몸과 마음에 간한 상처를
이 키스로 치유시킬 수 있기를 바랍니다

아버지의 이마에 키스 한다.

설사 자기네들의 아버지가 아니었더라도

이 백발은 그 사람들에게 측은의 정을 일으키게 했을 텐데

이것이 뒤끓는 비바람과 싸워야 할 얼굴이었나요?

아버님 눈을 뜨십시오 저의 이 마음 보아주십시오

누가 있어 아버님의 아픈 가슴을 어루만져 드리겠습니까

왕의 가슴에 흐느낀다. 왕 깨어난다.

노래32 **당신은 누구인가 : 왕 & 셋째 딸**

왕)

나를 무덤 속에서 꺼내지 마라

당신은 누구인가 천국의 영혼인가

나는 지옥에서 불 바퀴에 결박돼 있어

내가 흘리는 눈물은 녹은 납같이 되어 내 얼굴을 태우고 있어

당신은 망령이지 난 알고 있어 언제 죽었지

나는 언제 지옥으로 떨어졌나

내가 지금 어디 있나

아니 이 밝은 건 햇빛인가 아냐 난 속임수에 빠져 있어

셋째 딸 / 왕)

아버님 저를 보세요 손을 뻗쳐 저를 축복해 주세요

/ 아니오 아니오 당신은 나의 딸 일리가 없소

그 애는 나를 원망하며 궁을 떠났을 것이오

아닙니다 맞습니다 제가 당신의 딸입니다

당신을 아직도 그리워하고 사랑하는 당신의 딸

아니오 / 맞습니다 나의 딸 / 아버님

왕 / 셋째 딸)

나를 용서해라 나를 용서해라 나는 늙고 어리석다

내가 이렇게 무릎 꿇고 용서를 빌겠다

/ 아버지 이러시면 안됩니다 당신은 영원한 나의 아버지이고

이 나라의 왕입니다

저와 함께 언니들에게 가세요

나를 보지 마라 나를 보지 마라 나는 늙고 어리석다

내가 눈 들어 널 볼 수 없으니 날 보지 마라

/ 아버지 아닙니다 아닙니다 당신은 언제나 옳고 현명하시며

이 나라의 왕입니다

저와 함께 언니들에게 가세요

아니다 안 가겠다 감옥으로 가자 거기서 우리는 단 둘이

새장 안에 든 새처럼 노랠 하자

네가 내게 축복해 달라면 나는 무릎 꿇고 너에게 용서를 빌겠다

그렇게 해서 우린 날을 보내고 기도를 하고 노랠 부르고

옛이야기 하고 금빛 나비 되어 날아보자

왕 다시 기절하여 쓰러지면 셋째 딸 왕을 잘 정돈해 놓고

셋째 딸   언니들에게 다녀오겠습니다.

퇴장하며 암전.

제5막 – 죽음의 축제

음악 흐르며 코러스 말없이 무대를 만든다. 무대는 죽음의 축제장.

노래33 인간의 욕심 : 해설

인간의 욕심은 끝이 없는 것
하나를 차지하면 또 나머지를 마저 차지하려고 하지
그것이 지금까지 계속된 인간의 역사이거든
욕심 많은 딸이 아버지를 내쫓은 일로 만족할 것인가?
아니지 또 다른 일을 꾸밀 것이 틀림없어
그래서 나머지 땅도 다 자기가 차지하려 애쓸걸
저들의 축제 저 축제는 무엇을 축하하는 축제일까?
아버지를 내쫓은 것에 대한 만족의 축제일까?
아니면 자기의 욕심을 채우려는
어둠의 그림자가 드리운 축제일까? 축제일까?
죽음의 그림자가 몰려오는군

첫째와 둘째 딸의 죽음의 축제. 마치 첫 장면 왕의 생일처럼 코러스들이 뭔
가 다양한 행사들로 축제를 진행한다. 두 딸은 그것을 즐기고 있지만 서로는
심각한 분위기. 잠시 후 춤과 노래 그리고 죽음의 의식.

그 옛날에 : 첫째 딸 & 둘째 딸 & 코러스

1절)

그 옛날에 한 왕이 있었다네 그의 이름은 리어 리어 리어

그는 모든 재산과 권력을 우리에게 물려주었다네

위대한 왕 위대한 왕

그가 남겨 준 재산 그가 물려준 권력

우리는 그 위에서 모든 것을 거느릴 수 있다네

우리가 희망하는 모든 것, 우리가 요구하는 모든 것

모든 것은 우리의 수중에 들어있다네

세상 모든 것 우리가 이 세상 모든 것 우리가

이제 우리가 원하는 대로 통치한다네

우리 함께 권력을 나누어 세상 모든 걸 통치한다네

이 세상 모든 걸 통치해

이 세상을 모두 우리가 통치하네

연주 계속 진행되는 동안 코러스는 둘째를 죽이고 첫째에게 충성을 맹세한다. 잠시 후 셋째 딸 뛰어 들어온다.

첫째 딸 나를 원망 마라. 어차피 언젠가는 주인이 가려져야 하는 싸움이었으니까. 이 세상에 태양이 둘일 수 없는 것처럼 한 나라에 두 왕이 있을 수 없는 것이니까.

셋째 딸 우리는 형제입니다. 권력이 형제보다 더 중요합니까? 권력 때문에 서로의 피를 불러야 합니까? 믿을 수가 없습니다. 믿을 수가 없습니다.

노래35 신이시여 : 셋째 딸

신이시여 왜 우리 가족에게 이런 고통을 안겨 주십니까?
신이시여 왜 우리 가족들이 이런 고통을 겪어야 합니까?
이게 무슨 일입니까 왜 여기 이렇게 있습니까
사랑을 맹세하고 우애를 자랑하던 언니
일어나 나를 보십시오 동생입니다
비록 멀리에 있더라도 당신들만을 그리던
언니에게 왜 칼을 휘둘렀나요 저에게 이유 얘기해보세요
아버지를 내쫓은 것도 부족해서 형제의 가슴에 날카로운 칼을
안 됩니다 정말 안 됩니다
이런 일 있어선 안 됩니다 신이시여 우리 가족에게 진실된 사랑을
조용히 돌아가겠습니다 언니를 이젠 잊도록 하겠습니다

떠나려는 셋째 딸을 코러스들이 막아선다.

노래36 그럴 수는 없다 : 첫째 딸 & 코러스

첫째 딸)

그럴 수는 없다 네가 살아있는 이상 나에게 평화는 없다
언젠가 아버님이 너를 앞세우고 치러올 것이기 때문에
살려 보낼 수 없다 이곳에서 언니를 따라가야 할 것이다
그것만이 나에게 평화를 주는 길이니까

코러스)

따라가야 한다 너는 네 언니를 따라 가야 한다

아버님은 이제 잊혀졌고 너만 세상에서 사라지면 된다
따라가야 한다 이곳에서 언니를 따라가야 할 것이다
그것만이 나에게 평화를 주는 길이니까

코러스. 셋째 딸을 에워싸고 결국 셋째 딸을 죽인다.

첫째 딸 이 일은 나의 잘못이 아니다. 아버지가 살아 계시면서 땅과 권력을 물려주시지 않았다면, 네가 자존심을 내세워 아버지를 자극하지 않았다면, 그리고 아버지가 깨끗하게 포기하고 권력을 주장하지 않으셨다면 이런 일이 생기지 않았을지도 모른다. 나를 원망하지 마라. 아버지와 너와 우리 모두의 바보 같은 선택이 결국 화를 부른 것이니까.

첫째 딸 퇴장. 무대에는 시체 두 구만 남아있다. 왕 등장.

노래 37 **누군가 : 왕**
누군가 나의 불행을 대신 울어 줄 수만 있다면
나의 두 눈을 기꺼이 그대에게 줄 것이다
메마른 나의 이 두 눈 볼 것을 제대로 보지 못한 나의 이 두 눈
가치를 잃은 나의 두 눈 너희들 모두 사라져라
막내딸 사랑스러운 나의 딸 우린 울면서 이 세상에 태어났다
바보들만 있는 큰 무대가 슬퍼서 울었지
날 사랑한다던 막내딸 그 이상 할 말이 없다던 딸

사랑을 말하지 못한 내 딸 눈 멀어 사랑을 보지 못한 나
날 지킬 자는 없는가 나는 더 이상 의미 없나
부서져라. 모두 사라져라 천지여 모두 무너져라
울부짖어라 울부짖어라 불행한 이 시대에 우린 큰 슬픔을 겪었다
울어라 울어라 울어라 울어라 날 위해 울어라 제발 날 위해 울어라
진실을 몰라서 결국 내 무덤 파야 했던 나는 바보다 나는 바보다
나는 바보다

왕. 쓰러져 죽는다.

노래 38 그대들이여 : 해설
그대들이여 하늘을 두려워하라
눈앞의 이익에만 관심이 있어서 겉으로 따르는 놈
아버지가 주머니를 찰 때만 효자가 되는 놈
하늘을 두려워하라 하늘을 두려워하라
그러나 달아날 놈을 분간하지 못하는 놈
너는 네 스스로를 먼저 두려워해야 한다
어떤 것이 진실이고 어떤 것이 거짓인지 판단해야 한다
판단해야 한다

끝.

창작 뮤지컬
〈리어왕〉

악보

01 과거의의미

charles

02 경배하라

♩ = 125

Charles

경 배 하라 축하하 라 우리의 왕의 생일을

평 화 롭게 살 아 가 는모 든 백 성들 경 배 해

오 늘은 즐 거운날 오 늘은 축 하의날

우 리를 이 끄 는 왕 의 생일 우 리

03 이 나라를 다스리는 왕

Mok

이 나 라 를 다 스 리 는 왕 바 로
나 이 다 나 로 인 해 우 리 에 겐 평 화 가 있 었
다 지 금 까 지 누 려 왔 던 모 든 안 락
과 행 복 그 것 모 두 나 로 인 해 만 들 어 졌 노
라 모 두 가 나 를 왕 이 라 칭 송 했
네 왕 이 시 여 우 리 의 왕 이 시 여
모 두 에 게 최 고 의 왕 이 라 불 렸
고 지 배 자 였 노 라

33 Am F G

나 는 왕 이 다 나 는 왕 이

37 Em F Dm E

다 나 는 이 나 라 의 소 유 자 나 는 왕 이

41 Am F G **rit.**

다 나 는 왕 이 다 나 는 왕 이 다

45 Em F G E

나 는 이 나 라 의 소 유 자 나 는 왕 이

49 Am

다

04 시간이란 쏜살같이

Mok

33 A　　　　　　　　　　Dm　　　　rit.　Bb

보 다 크 고 보 다 영 원 한 사

37 C　　　　　　A　　　Dm　　　A

랑 말 한 딸 에 게 보 다 넓 은 땅 과 권 력 을 주 겠

41　　　　　　　　　Dm

노 라

05 사랑하는 아버지

06 사랑하는 나의 아버지

♩ = 85

Charles

사랑하는 나의 아 버지 　 아버지를 사랑 합 니 다

그렇지만 저의 마 음을 입 까 지 들어올릴 수 없 습 니 다

나의 아버지 왕 이 시 여 　 아버지를 사랑 합 니 다

(간 주)

그러나 더 이 상 은 이제 드릴 말 씀이 없 습 니 다

07 아니야

2

네가 나에게 그렇게 말해서는 안 된다

너는 나의 딸이다 너는 나의 딸이다

네가 나에게 그렇게 말할 수는 없다

다시 한 번 생각하고 말해 보아라

3

네 가 나 에 게 그 렇 게 말 할 수 는 없 다

다 시 한 번 생 각 하 고 말 해 보 아 라

08 아버지는 저를

〈리어왕〉 악보 **189**

09 왜 너는 자존심을

Charles

♩ = 115

왜 너 는 자 존 심 을 내 세 워 너 의 진 심 을 약 간 포 장 하 는 것 을

거 부 하 는 가 왜 너 는 너 의 진 심 이 모 든 사 람 들 에 게

그 대 로 전 달 될 수 있 다 고 믿 는 가 진 실 도 때 로 는 포 장 이 필 요 한 데

진 실 도 정 확 하 게 전 달 될 때 의 미 를 가 지 는 데

10 눈을 뜨십시오

Charles

♩ = 114

눈을 뜨 십시오 귀를 여 십시오 가슴을열 고평가 하십시오

언제나몸 에좋은 약은입에 쓰고 마음에좋 은말은 듣기싫은 것

관용을가 지시고 무엇이진 실이고 무엇이거 짓인지 평가하십 시오

그것이잘 못을사 전에방지 할수 있는유일 한 길

(간 주)

앞을 보 십시오 당신보 십시오 왕의모 습바라 보십시오

밖에보 인모습 그것이언 제나 진실된모 습이라 할수없 는 것

왕의급 한성격 그것을누 르시고 셋째딸속 마음을 이해하십 시오

그것이잘 못을사 전에방지 할수 있는유일 한 길

11 무엇이 필요한가

♩ = 105

Charles

무엇이필 요한가 남의눈치 를살피고

아첨하는혓 바닥을 가져야만 하나

그런것없 어미움 을받을지 라도

그런것없 는편이 더인간적 일까

아름다운 공주당 신은버림 받았어 도

그러나부 유하고 소중하 며

멸시를받 았어도 가장사랑 받는분

그러나그 러나 아량과타 협이

공 주 여공 주 여   아 랑 과 타 협 이

공 주 여공 주 여   아 랑 과 타 협 이

12 당신을 잘 알고 있어

Seok

내 나라로함께떠납시다 진실은존재합니다 그댈사랑하는진실 사랑은존재합니다

세 상 천 지 모 두 에 게 서

우리가함께있음으로 가족을잃 은슬픔 아버지에게쫓겨난슬픔 함께있음으로위로받을수

있 어

13 이제 시작이다

♩ = 83

Charles

이 제 시 작 이 다 사 람 의 속 을 누 가 알 겠 는 가 그

속 에 무 엇 이 들 었 는 지 누 가 누 가 알 겠 는 가 저

왕 의 저 급 한 성 격 그 성 격 을 누 가 알 아 주 고 누

가 거 기 에 장 단 을 맞 추 어 줄 것 인

가 (간 주) 딸

들 을 보 았 는 가 이 제 왕 은 어 디 로 갈 것 인 가 두

딸 중 과 연 누 가 왕 을 모 실 것 인 가 저

왕 의 저 급 한 성 격 그 성 격 을 누 가 알 아 주 고 누

14 여왕이시여

Seok

여왕이시여 우리의 여왕이시여 당신은이나 라를 지배하는왕

모든것을해 결할수있는 힘의소유자 우릴 지켜주시고 우리의 명예를지켜 주십시오

여왕이시여 우리의 여왕이시여 단 한분의왕 만이 필요합니 다

세 상모둘이 끌어갈오직 단한분의왕 우리 는그를따르 고우리 의목숨바칠 것입니다

힘 의 소 유 자   우 릴 지 켜 주 시 고   우 리 의 명 예 를 지 켜   주 십 시 오

15 이제 시작이다

16불러라

♩ = 125

JS I.M

불러라 나의 권력물 려받은 큰 딸 여왕을 불러라

그리고 큰 딸의 시 중들도 모두 불러라

문 책할 것이다 그 들을 모두 큰 딸의 시 종 들 모두

나의 시 종에게 함부로 못하도 록 할 것이 다

그 리고 또 나 의 큰 딸에게 분명하게 할 것이다

바 로 내 가 왕 이 라 는 것 을

바 로 내 가 왕 이 라 는 것 을

17 사랑하는 아버지 왕이시여

Saemi

당 장 고 칠 것 입 니 다   내 가 지 배 합 니 다   내 가 왕 입 니

다

18 지금와서

처가 되 거 라   나

의   이 노 망 한 눈 아   이 런

일 때 문 에 또 다 시   피

눈 물 을 쏟 는 다 면   내

눈 동 자 를 후 벼 내 어   헛

되 이 흘 리 는 눈 물 과 함 께   땅

에 던 져 버 릴 것 이

(간 주)

다

19 잊었는가

Charles

20 기쁘옵니다

♩ = 100

Seok

나 는 너 의 언 니 로 부터 고 통 받 았 다

기 쁘 옵 니 다 아 버 질 지 금 뵈 오 니

아 니 다 아 니 다 그 년 은 거 기 서 나 를 내 쫒 았 다

그 것 은 아 버 지 께 서 오 해 하 신 것

아 니 다 그 년 은 내 게 비 술 꽂 았 다

오 해 마 세 요 언 니 의 착 한 심 성 을

아 닐 것 입 니 다 아 버 지 오 해 십 니 다 언 니 의 행 동 에 는 모 두 다 이 유 가 있 을 것 입 니 다

그 년 에 게 절 대 로   돌 아 가 지 는   않 겠 다

에 게 용 설 구   하 시 고   그 곳 에 사 십   시   오

21 사랑하는 나의 아버지

Seok

♩ = 80

사랑하 는 나의아버 지왕이시여언니가 효도를 소홀히했다 곤

생각지않습니 다아버님 의시종들 의난폭함 을참지못 해그렇게 했다

면 언니로 썬그렇 게할이 유가 있을것 이라생각

합 니다이제 아버님은 늙으셨습니다 언니에 게로돌아 가서

잘못했다하 시 고 조용히사시길 바랍 니 다

22 드디어 속이 보여진다

Charles

드디어속 이 보여진다　모든것이　깨끗하게

무엇이진 실이고 거짓인지　무엇이거 짓이고 진실인지

그러나그 잘못은 바로당신　당신스스 로에게 있 는것

그러나그 잘못은 바로당신　당신스스 로에게 있 는것

바로당신 의 잘 못

23 숨이 멎는구나

♩ = 100

Charles

아 하　　숨 이 멎 는 구 나

피 가　　차 가 워 지 는 구 나

하 인 도 잃 고 자 식 도 잃 고 모 든 것 을 잃 어 버 린

빈 털 털 이 가 진 것 없 고 갈 곳 도 없 고 잡 을 것 도 없 는

빈 털 터 리 큰 딸 에 게 서 쫓 겨 나 고 이 제 둘 째 딸 에 게 서 마 저

큰 딸 에 게 서 쫓 겨 나 고 이 제 둘 째 딸 에 게 서 마 저

집 에 도　　못 들 어 가 고

쫓 겨 날　　신 세

24 신들이여

♩ = 76

Charles

신 들이여 내게 인 내 를 주시 옵 소 서

내 게 는 인 내 가 필 요 합 니 다

신 들이여 나 는 이 렇 게 불 쌍 한 늙은입니 다

슬 픔은 가슴에 가득 차 고 나 이 는 늙 어 서 이

렇 게 불 쌍 한 신 셉 니 다 이

딸 년들의 마음 이 당 신 의 뜻 일 지 라 도 내 가

그 걸 참 고 견 딜 수 있을 만 큼 나 에 게 힘 을 주 십 시 오 여 자

들이 무 기 로 쓰 는 눈 물 방 울 로 이

사 내의 볼 을 더 럽 히 지 않 게 하 소 서 이

서

25 눈 앞의 이익

이 제 　　 모

든 　 것 이 　　 끝 이 났 는 데

26 바람아 불어라

Charles

바 람 아 불 어 라 내 뺨 이 갈 기 갈 기 찢 어 지 도 록

모 질 게 불 어 라 불 어 라 뒤 끓 어 라

장 대 같 은 폭 풍 우 여 폭 포 처 럼 쏟 아 져 라

천 지 를 뒤 흔 드 는 유 황 이 여 내

흰 머 리 를 태 우 라 천 지 를 모 두 부 수 는

천 둥 이 여 두

껍 고 둥 그 런 이 땅 을 때 리 고 짓 이 겨

납 작 하 게 만 들 어 라 대

자 연 이 인 간 을 창 조 하 는 그 모 태 를

부 수 어 버 려 라

27 우리들 머리 위에서

Charles

우리들 머 리 위에 서 이 무서 운 혼돈을 일으 키 는 위

대한 신 들로 하여 금 이 제는 진실을 밝 히 도록 하

라 두 려움에 떨 라 악 독한 자 들아 숨 어라 살인자 여

겁 에질 려 라 간 악한 놈 들아 무 서운 심 판 들에게 자 비를 빌어 라

이 제 너 희 들 을 심 판 하 는 날 이 올 것 이 다 나 는 죄 진 자 가

아 니 다 사 람 들 이 나 에 게 죄 를 지 은 것 이 다 아 니 다 죄 는

나 에 게 있 다 눈 을 감 고 있 던 나 에 게 죄 가 있

다 모 든 것 이 내 죄 다

28 미치시오

미 치 시 오 그 렇 게 미 쳐 버 리 시

오 이 제 아 무 도 당 신 위 하 여 울 어 줄 사 람 이 없

소

이 제 아 무 도 당 신 에 게 따 뜻 한 잠 자 리

와 음 식 을 차 려 줄 사 람 이 이 제 는 없

소 당신은 혼자요 모든 것에 떠나 혼자요

당신이 진실과 거짓을 구별하지 못한 죄

를 이제 받게 되는 것이

요 차라리 미치는 것이 당신을 더 편안하

게 할 것이 오   미치시오   영원히   미

쳐 버 리 시 오

29 사납게 휘몰아치는

30 왕이시여

31 저의 입술에

2

아버님 눈을 뜨십시오 저의 이 마음 보여주 십시

오 누가있어 아버님의 아픈 가슴을 어루만져 드리겠습니

다

32 당신은 누구인가

니 다 당신은 영 원 한 나 의 아 버 지 이 고 이 나 라 의 왕 입 니 다 저 와

아 니 다 안 가 겠 다 감 옥 으 로 가 자

함 께 언 니 들 에 게 가 세 요

거 기 서 우 리 는 단 둘 이 새 장 안 에 든 새 처 럼 노 랠 하 자

네 가 내 게 축 복 해 달 라 면 난 무 릎 꿇 고 너 에 게 용 설 빌 겠 다

그렇게 해 서 우린 날을 보내 고 기 도를 하 고

노 랠 부르고 옛 이 야기하 고 금 빛 나 비 되어 날아 보자

33 인간의 욕심

면 자기의 욕심 을 채 우 려 는 어 둠 의 그 림 자 가 드 리 운

축 제 일 까 축 제 일 까 죽

음 의 그 림 자 가 몰 려 오 는 군

34 그 옛날에

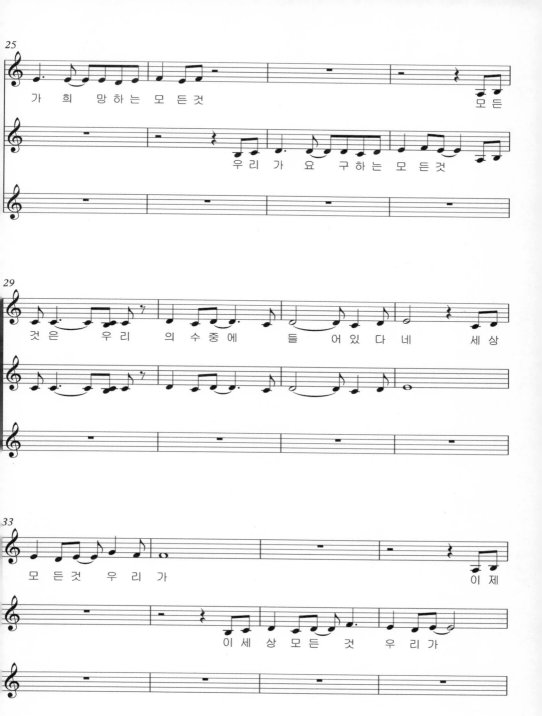

우 리 가 원 하 는 대 로   통 치 한   다 네
우 리
함 께 권 력 을 나 누 어 세 상 모 든 걸 통 치 한 다 네 이 세 상

이 세 상 을 모 두 우 리 가 통 치 하
모 든 걸 통 치 해

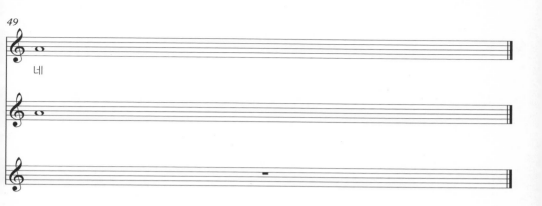

네

35 신이시여

Seok

36 그럴 수는 없다

♩ = 110

seok

그럴 수는없 다　네가 살아있는이 상 나에게평화 는없 다

언젠가 아버 님이　너를앞세우 고치러올것 이기때문에

살려보낼수는없 다 이곳에서언니 를따라가야할 것이 다

그것만 이나에게평 화를주는　길이니

길 이 니 까

37 누군가

♩ = 100

Seok

누 군 가   나 의 불 행 을 대 신 울 어 줄 수 만 있   다 면 나 의 두 눈 을

기 꺼 이 그 대 에 게   줄 것 이 다

매 마 른   나 의 이 두 눈 볼 것 을   제 대 로 보 지 못 한 나 의 이 두 눈

가 치 를 잃 은 나 의 두 눈 너 희 들 모 두   사 라 져 라

막 내 딸   사 랑 스 러 운 나 의 딸 우 린 울 면 서 이 세 상 에 태 어 났 다

바 보 들 만 있 는 큰 무 대 가 슬 퍼 서   울 었 지   날

사 랑 한 다 던 막 내 딸 그 이 상 할 말 이 없 었 다 던 딸 사 랑 을 말 하 지 못 한 내 딸 눈 멀 어 사 랑 을 보 지 못 한 나 날

지 킬 자 는 없 는 가   난 더 이 상 의 미 없 나 부 서 져 라 모 두 사 라 져 라 천 지 여 모 두 무 너 져 라

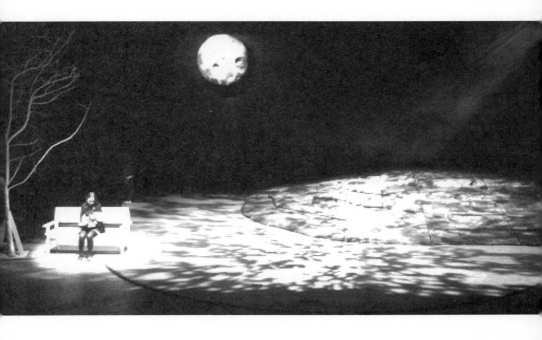

38 그대들이여

♩ = 100

Charles

그 대 들 이 여   하 늘 을 두 려 워 하 라

눈 앞 의 이 익 에 만   관 심 이 있 어 서 겉 으 로   따 르 는 놈 아

버 지 가 주 머 니 를   잘 때 만 효 자 가   되 는 놈

하 늘 을 두 려 워 하 라 하 늘 을 두 려 워 하 라   그 러